그대 뒷모습

그대 뒷모습

정채봉 에세이

샘터

| 책머리에 |

내 작은 가슴속에는

며칠 전 산사(山寺)에 가서 하룻밤을 묵었다. 먼동이 틀 무렵에 도량석을 도는 스님의 목탁 소리에 잠이 깨었다. 세수를 하기 위해 개울가로 나가다가 새벽 달빛 속에서 우리는 만났다. 참으로 오랜만의 만남이었다. 늘 함께, 내가 머무는 곳에는 꼭꼭 있어 준 그에게 "오랜만일세" 하고 인사를 건네는 내 자신이 그렇게 쑥스러울 수가 없었다.

우리는 현대의 저 번거로운 일상에서 자신을 잠시나마 돌아볼 여유마저도 갖지 못하고 있는 것이다. 그리하여 자기한테 늘 붙어 있는 그림자도 이렇듯 잊고 살아가는 처지에 다른 데는 일러 무엇 하겠는가. 하물며 눈에 보이지 않는 내면의 뜰에 있어서랴.

나는 개울물에 손을 담그고서 실로 오랜만에 가슴속 깊숙한 곳에서 별들처럼 숨어 있는 것들을 찾아보았다.

내 가슴속에는
햇볕에 푸른 분수가 찰찰 빛나고 있다.
내 가슴속에는
오동잎에 바스러지는 바람이 있다.
내 가슴속에는
바람에 사운대는 꽃 이파리가 있다.
내 가슴속에는
별들을 간직한 하늘의 착한 마음이 있다.
내 가슴속에는
그 아주머니의 싸늘한 젖꼭질 물고 땅을 허비던 어린것의
뭉개진 손톱이 있다.
내 가슴속에는
나비의 가녀린 나래 소리가 있다.
내 가슴속에는
강물에 조약돌처럼 던져 버린 첫사랑이 있다.
내 가슴속에는
산에 사는 나무와 나무에서 지줄대는 산새가 있다.

 그렇다. 신석정 시인의 이 가슴처럼 나한테도 사기잔에 떠놓은 샘물 같은 맑은 눈빛 드는 날이 있다. 고요히 바람으로 흘러, 흰 구름

따라가서 눈물을 글썽이고 돌아오던 한낮이 있고, 수수깡 울타리에 굴뚝새 울음 묻혀 보랏빛 완두콩 꽃이 피던 해 질 무렵이 있고, 마른 풀숲 어디쯤에 잇자국 나서 던져져 있는 고구마, 그 위에 무서리 내린 아침이 있다.

내 작은 가슴속에는, 저쪽의 받아 주지 않는 거기에서 저 혼자 떨어져 익사하는 전화벨 소리가 있고, 참깨를 털듯 나를 거꾸로 집어 들고 털면 소소소소 쏟아질 그리움이 있고, 살갗에 풀잎 금만 그어도 그대를 향해 툭 터지고 밑 화살표를 띄운 피가 있다.

이 가슴속을 이웃한테 열어 보인다는 것은 여간 큰 부끄러움이 아니어서 오랫동안 미뤄 왔던 터이다. 그럼에도 불구하고 철부지 아우를 대하듯 인내하며, 노고를 아끼지 않은 분들에게 감사드린다.

정채봉

| 차례 |

책머리에　···5

1···꽃뫼에서

　　풀꽃　···15
　　나를 헹구어 주는 것들　···18
　　꽃뫼의 편지　···21
　　지평선에서　···25
　　내가 사랑하는 것들　···29
　　조각코 같은 행복　···32
　　그대 뒷모습　···35
　　별 하나의 위안　···40
　　작은 기적　···43
　　다시 꽃뫼에서　···48

개태 이야기 ··· 51

전기가 없는 곳에서 ··· 55

당신은 행복하세요? ··· 60

2 ··· 아름다운 사람들

유년의 바다 ··· 67

우리 읍내 ··· 71

물을 생각한다 ··· 74

아름다운 사람들 ··· 77

할머니 ··· 82

리태 ··· 87

잊을 수 없는 '고문관' ··· 90

눈물 한 방울을 찾아 ··· 93

이런 눈길 ··· 105

과거로부터 온 기별 ··· 109

3 ··· 꽃과 연기

꽃과 연기 ··· 113

당신은 누구인가 ··· 116

봄 소리 ··· 118

나를 찾아서 · · · 122

고향으로 열린 창 · · · 127

그 여름 바닷가 з론 · · · 131

눈에게 · · · 134

우리들의 일요일 · · · 137

목선의 꿈 · · · 140

바람 부는 날 · · · 145

완행열차 · · · 150

당신을 찾아서 · · · 157

하느님은 동화이시다 · · · 167

4 · · · 연습이 없는 인생 극장

오늘의 우화 · · · 175

신호등 앞에서 · · · 178

피정 · · · 182

제목 인플레 · · · 184

뒤돌아보지 마라 · · · 186

어떤 선물 · · · 189

지금을 사랑한다 · · · 195

연습이 없는 인생 극장 · · · 201

유혹, 그 동사와 피동사 ··· 205

고래 잡으러 나선 사람들 ··· 210

호주머니가 삼키는 인생 ··· 215

땅에서는 창조를 ··· 219

첫아이를 가진 후배에게 ··· 223

지혜 상자냐, 바보상자냐 ··· 229

콩나물과 콩 나무 ··· 233

5 ··· 마음의 문을 열고

인형 키우는 영문학자 ··· 241

돌 베고 잠드는 생 ··· 244

꽃뫼의 들녘 길에서 ··· 247

침묵의 동반자 ··· 253

한 인디언 추장의 메시지 ··· 260

여림을 향하여 ··· 265

마음의 문을 열고 ··· 271

1
꽃뫼에서

풀꽃

꽃 시장에 한번 갔다가 현기증을 느끼고 돌아온 적이 있다. 지나치다 싶게 화려한, 그것도 국적을 알 수 없는 꽃들이 무더기로 모여 있는 그곳에선 향기조차도 진해서 멀미 같은 것을 느끼게 하는 것이었다.

그것은 화사한 색깔의 난무에 내가 압도당한 것인지, 아니면 그 꽃들의 현란한 몸짓에 오히려 내가 소외 의식을 느꼈을지도 모를 일이다.

강풍보다는 소슬바람, 한낮보다는 해 질 무렵, 그리고 소나기보다는 가랑비를 좋아하는 나로서는 꽃 중에서도 풀꽃을 사랑한다. 정말이지 풀꽃이라면 나는 오랫동안 부담 느끼지 않고 그 작은 얼굴에 시선을 고정시켜 둘 수가 있다.

거의, 그냥 지나쳐 버리고 마는 시골 둑길이나 오솔길의 길섶에 아무렇게나 흐드러져 피어 있는 아주 작은 꽃들. 글라디올러스나 장미나 튤립 같은 꽃한테는 물론 무엇 한 가지 견주어 낼 재간이 없다. 그렇기 때문에 결혼식과 졸업식장 등 잔치 터 같은 장소에는 모두 이런 화사하고 큰 꽃들이 우대받는다.

그러나 이 꽃들은 쉽게 끌어당기는 힘이 있는 만큼 그만큼 빨리 시들어 버리지 않는가. 내가 시들어 버린다고 하는 얘기는 꽃의 수명을 뜻한 것이 아니라 그만 싫증이 쉬 나버린다는 얘기다.

하지만 풀꽃은 다르다. 양육당해 철 모르고 피어나서 시장에 나와 앉아 있는 꽃들하고는 달리 고작 어린아이들 손가락에 꽃반지로나 오르면 최고 출세했다고 보아도 무방할 것이다. 그렇지 않으면 들을 건너온 바람에 잠시 몸을 맡기거나 아침 햇살에 이슬 머금은 얼굴로 하늘이나 우러르는 맑은 기쁨이 있을 뿐.

재수가 없으면 소 발굽에 밟히고 염소의 장난질에 훼손당하기도 하나 그 고통을 묵묵히 전쟁 난민들처럼 감수하는 저 인내.

누구나 관심을 가지고 풀꽃을 들여다보게 된다면 참으로 많은 깨우침을 얻을 것이다. 큰 나무 아래에서, 그리고 다른 잡풀에 치이면서도 절대 비굴하지 않으며 절대 제 얼굴을 잃지 않고 있지 않은가. 그리고 저녁 햇살 한 톨만으로도, 새벽 달빛 한 톨만으로도 충분히 제 얼굴을 밝히는 꽃.

소박하고도 단출하며 바라볼수록 작은 물줄기마냥 그치지 않고 흘러나오는 아름다움을 가진 꽃이 저 풀꽃이다.

어리고도 부드러우며 지심의 지순한 언어만으로 아침을 깨우는 가장 친밀하고 가장 은근한 저들 풀꽃. 그들은 언제나 양지고 그늘이고를 가리지 않고 도처에 피어나는 사실 하나만으로도 찬미를 받을 수 있는 꽃이다.

풀꽃은 절대로, 큰 소리로 떠들지 않는다. 들릴락 말락 하게 속삭일 뿐이다. 그것도 마음이 가난한 이들이나 알아들을 정도로. 풀밭에 누워 빈 마음으로 그 작은 얼굴을 바라보면 들려올 것이다. 마음의 어룽을 지워 주고 한없이 날아가고픈 동심을 심어 주는 풀꽃의 귀띔이.

나는 풀꽃을 바라보고 있으면 그 몸태가 혹 죽은 아이들이 하늘에서 날다 말고 이렇게 잠시 지상에서 쉬고 있는 것이 아닐까, 생각하곤 한다. 이름도 지어 주기 전에 이 세상을 떠난 아이들. 그렇기 때문에 그들은 누가 저들한테 이름이라도 달아 줄까 봐 논둑에도, 밭고랑에도 숨어 있는 것이 아닐까.

현대인들은 두드러지게 겉에 나타나는 것만을 보려고 한다. 무슨 일이고 떠들어야만 귀를 기울인다. 풀꽃처럼 아름다움을, 진실함을 작은 꽃잎에 받들어서 은근히 내보이고 있으면 전혀 알아차리지를 못한다.

풀꽃이 무어라 하는가를 우리는 알아볼 일이다. 그 속되지 아니하고 거짓됨이 없이 주어진 계절을 온전히 온몸으로 살아가는 모습을 돌아봐야 할 것이다.

나를 헹구어 주는 것들

　여름 한나절, 만원 버스 안에서 머리 가르마가 선명한 여인이 든 싱싱한 상추 다발은 권태에 취해 있는 나를 상추 빛으로 헹구어 준다.
　깊은 산, 바위 그늘 깊어 더욱 촘촘해진 이끼 사이로 뚝뚝 떨어지는 찬물을 청미래 잎사귀로 받아먹을 때. 그 초가을 햇살 같은 맑은 물이 심장의 어디쯤을 적시고 가는지 유리관을 들여다보는 듯 환하게 느껴질 때.
　사람 그림자 하나 얼씬하기 어려운 낭떠러지에 깊은 바닷물 빛깔로 피어난 도깨비 꽃하고 눈이 맞았을 때.
　소나기가 한줄금 지난 다음 창을 열어 보면 성큼 다가서는 앞산, 그리고 한 켜 더 쟁여진 풀빛하며.
　토란 밭 언덕을 지날 때였다. 무엇인가를 잊고 가는 것 같아서 뒤가 자꾸 돌아보였다. 어른대는 것을 확인하려고 발을 멈춘 순간, 토란 속잎 저 안으로 숨는 것이 있었다. 발소리를 죽이고 다가갔다. 그때 아아, 들켜 버린 알몸이 부끄러워서 이쪽을 향해 쏘아 대는 이슬방울로부터의 무지갯살을 대했을 때.

　유년 시절이었다. 감꽃을 줍기 위해 수탉 울음소리에 일어났다. 그리하여 눈을 비비며 토방에 내려섰을 때 '출렁' 하고 발목을 적시던 새벽 달빛. 감꽃을 주워 올리면 달빛 또한 따라 올라와서 밀짚 그릇을 남실대던 새하얀 사기 빛깔들.

　간밤에 꿈꾸다가 눈 오줌 자국을 바랜다고 무지개가 떠오른 장독대 위로 올라가서 엉덩이를 치켜들고 있던 네 살배기 누이에 대한 기억. 그렇다. 남녘을 돌아오는 순환 열차를 탔을 때 는원쯤에 이르면 검정 유리창에 고등어 등빛처럼 언뜻언뜻 묻어나던 섬진강 쪽 먼동하며, 앞자리에 앉은 단발머리 소녀의 하얀 블라우스 앞섶에 판 박힌 코스모스 생꽃 자국도.

　어쩌다 공동묘지에 들렀을 때 누구의 무덤인가, 빛 바랜 신문지 위에 놓여 있는 종이 잔이 보이고, 종이 잔에 남아 있는 소주 속에서 맴돌고 있는 흰 구름 한 점을 발견했을 때.

　돌덩어리를 들어냈다가 우연히 보는 늦가을 씨앗의 실낱같은 어린 발. 오솔길의 솔 가리개에 내려 있는 서리. 외딴 두메 옹달샘에 번지는 메아리 결.

　추석 무렵, 재 너머 마을에서 들려오는 농악대의 은은한 징 소리.

　모든 것이 무정한 비무장 지대에서 그래도 하늘에만은 금이 없어

그대 뒷모습 | 19

무지개가 나뉘지 않고 뜨는 것을 보았을 때. 그리고 "아!" 하고 소리친 나의 소리가 저들의 산을 돌아서 "아!" 하고 메아리 되어 돌아왔을 때.

한겨울 며칠이고 눈이 쌓여서 비상 도로마저도 끊기고 만 어느 날, 우연히 참호 근처 눈 위에서 발견한 까만 토끼 똥 몇 알.

음력 설이 가까워졌을 때 무 구덩이에서 파낸 무들의 노오란 순.

아침 이른 시간의 어시장 풍경 또한 나를 헹구어 준다.

태평양을 거스르고 다닌 상어의 늠름한 지느러미, 동해의 늘 푸른 비린내를 뻐끔뻐끔 내놓고 있는 동태들.

가을이 설핏 물러가는 초저녁. 갑자기 겨울을 느끼게 하는 찬바람이 겨드랑 밑을 파고들 때.

폭풍이 몰려오기 직전의 아침노을. 건장한 청년의 어깨 근육처럼 꿈틀거리는 먹구름 사이로 깜짝깜짝 내비치는 번개.

무서리가 내린 새벽 정거장에 막 도착한 열차가 뿜어내는 우유 같은 증기.

목욕탕에서 나오는 소년의 빨간 뺨.

깊은 산속 연못에 들어앉아 있는 쪽빛 가을 하늘.

외딴 두메 마을 공소. 홀로 계신 성모 상 앞에 누가 가져다 놓았을까. 소주병에 꽂혀 있는 산나리 꽃 한 송이.

— 나를 헹구어 주는 것은 이 푸르름이다.

꽃뫼의 편지

내가 살고 있는 동네 이름을 말하겠다.
행정 지명으로는 화서동이라고 하나 예전 이름은 '꽃뫼'라고 했단다. 지금도 동네의 노인들은 꽃뫼라고 부르고 있다.
나는 이 꽃뫼라는 이름이 좋다. 그래서 주소를 적을 때는 꼭 '꽃뫼 마을' 한 다음, ( ) 안에 '화서동'이라고 쓴다.
한번은 우체부가, 화서동을 먼저 쓰고 꽃뫼 마을은 ( ) 안에 쓰는 것이 원칙이 아니냐고 따진 적이 있다.
그러나 나는 이 동네 이름은 조상들이 모여 살 때부터 부르고 써온 것이 먼저라는 원칙을 고집하였다.

마을은 한 50가호쯤 된다. 그러나 한집에 셋방살이를 하고 있는 사람들도 꽤 되므로 세대 수로 말한다면 70여 세대쯤 되지 않을까 생각한다.

노인이, 그중에서도 할머니들이 많은 마을이며 집집마다 개가 한 두 마리씩 꼭꼭 있다.

앞에는 들이, 그리고 뒤에는 숲이 울창한 산이 있기 때문인지 새가 특히 많다. 처음 이사를 왔을 땐 아침마다 참새들 우짖는 소리에 잠이 깨곤 했었다.

새소리는 흡사 자갈이 많은 개울물 소리 같다.

이런 일이 있었지.

밖에서 술에 취해 집에 돌아온 밤이었다. 새벽녘이었다. 한기가 느껴져서 눈을 떴더니 저만큼 윗목에 홑이불이 저 혼자 밀려가 있더군. 홑이불을 끌어당겼지. 그런데 아무리 홑이불을 끌어당겨도 올라오지를 않는 것이야. 정신을 차려서 가까이 가봤더니 그건 홑이불이 아니라 달빛이었다. 창을 넘어서 고즈넉하게 방 윗목에 들어와 있는 새벽 달빛. 그 속에 나는 발목을 밀어 넣고서 참 오랜만에 밀물 져 오는 맑음을 느꼈다.

그날 그때의 내 온몸을 도는 피의 색깔은 새하얀 달빛 같은 빛깔을 띠고 있지 않았을까 지금 생각한다.

성당에 갈 때는 좀 돌긴 하지만 솔밭 길을 걸어서 다니곤 한다.

어쩌다 이른 아침엔 솔가지가 타면서 나는 연기를 이 오솔길에서 만나기도 한다. 솔밭 귀퉁이에서 버섯을 치면서 사는 김씨네가 피우는 것인데 청을 내음이 그렇게 상큼할 수가 없다.
　산토끼는 한 번도 본 적이 없다. 그러나 꿩과 다람쥐는 심심찮게 본다.
　봄부터 여름까지는 뻐꾸기가 울며 가을에는 들국화(지금이 한창이다)가, 겨울에는 눈 경치가 그만이다.
　며칠 전, 마음 고단한 일이 생겨서 성당에 갔다. 신부님께 고백 성사를 보고 미사에 참례했다. 성체를 모시러 나가는데 전에 없이 예수님의 발등에 박힌 못이 커다랗게 다가왔다. 순간, 울컥 목을 막는 가래톳을 느꼈다.
　돌아오는 솔밭 길. 소년 시절처럼 운동화를 벗어서 공중 높이 던졌다. 나이 든 소나무의 밑동을 끌어안고 하늘을 보았다. 아아, 눈이 부시게 파아란 하늘. 그리고 잔솔가지를 흔들고 지나가는 바람 소리.
　비로소 나는 성모님을 뵈온 것 같았다.
　그날의 그 감격을 나는 두고두고 잊지 못할 것이다.

　한번 오려거든 11월이 가기 전에 오기 바란다.
　낙엽이 수북이 쌓인 뒷산에 올라가서 텅 빈 들녘을 함께 바라보자. 남양 쪽에 피는 노을과 서북풍을 등에 지고 돌아오는 노동자들을 지켜보면서 우리의 삶을 얘기해 보자. 간혹 개 짖는 소리를 들으며(여기는 개 짖는 소리도 아늑하다) 술을 한잔하는 것도 이때가 가장 좋으리라 생각한다.

  하얗게 서리 내린 길로 돌아가는 네 뒷모습도 보고 싶다. 들고 가겠다면 우리 텃밭에서 기른 무와 배추를 몇 포기 뽑아 주마.

  교통은 나쁘지 않은 편이다.

  서울에서 수원 가는 전철을 타고 죽 내려와 종점에 한 정거장 못 미친 화서역이라는 곳에서 내리면 된다. 그 역에서 우리 집까지는 한 5백 미터 정도밖에 되지 않는다.

  그럼 그날을 위해 장독대에 숨겨 놓은 술 술을 내 방으로 옮겨 놓을 것을 약속하며 이만 줄인다. 안녕.

지평선에서

　일요일 아침의 비는 때로 우리에게 평화를 가져다줍니다. 번거로운 일상을 빗발로 잠재워 버리는 고요, '내게 강 같은 평화'는 못 되더라도 여울 같은 평화는 되리라 생각합니다.
　전날 있었던 약속은 아침에 눈을 떠서 비가 오는 것을 확인하는 순간부터 소리 없이 무너집니다. 약속이 지켜짐으로써 올 즐거움이 비 때문에 지워져 버린 것은 틀림없습니다만 이부자리에 다시 누워도 되는 평화를 생각해 보십시오.
　그러나 이때는 깊은 잠이 오지 않습니다. 저 같은 경우에는 '잃어버린 시간'의 반은 꿈이 되어 떠오를 때가 많습니다.
　유년 시절, 고향 집에서 듣던 낙숫물 소리. 방문을 열면 조는 듯 다가서는 바다, 그 바다에 소리 없이 잦아지던 수억의 빗줄기……. 6월 지금쯤이면 울타리가에 함초롬히 피어 있던 백색의 치자 꽃이 나타나기도 합니다.

또 어떤 때는 학창 시절의 '잃어버린 시간'이 재생되기도 합니다. 실비가 소리 없이 오고 있는 토요일 오후, 당번이어서 남았던 것으로 기억합니다.

학생들이 모두 돌아가 버린 오후의 학교, 그 고즈넉한 쓸쓸함을 아시겠지요. 더구나 비가 오는 날은 운동장마저도 텅 비게 마련이지요.

그럴 때, 피아노가 있는 음악실에서 누군가 '아아아' 하고 있는 발성 연습이 회랑을 타고 울려오던 것하며…….

이런 것을 생각할 때는 평화 뒤에 으레 신(神)의 자애로운 손이 느껴지기도 하지요.

사실 우리는 너무도 '내 얼굴'을 가질 때가 드물고, '내 마음'을 돌아보기도 어려운 때에 살고 있는 것 같습니다.

밖에 나오면 속마음과는 다른 표정을 짓는 것이 습관이 되었습니다. 우습지도 않은 말에도 우스워 죽겠다는 얼굴을 하고, 속에서는 '아니요, 아니요' 하고 거듭 외쳐 대는데도 입으로는 "네, 맞습니다" 하고 말합니다.

가고 싶지 않은 곳에도 인사치레로 갈 때가 많은 반면, 정작 가고 싶은 곳은 시간 관계로, 비용 관계로 미루어집니다.

이렇게 내가 나를 놓치고 살다가 오늘 같은 날 비로소 "당신 참 오랜만이야" 하고 내가 내 자신한테 인사를 건네어 보는 것입니다.

비는 오후 늦게야 개었습니다.

산책을 하려고 신발을 신는데 아내가 "붕어 잡으러 가느냐?"고 물었습니다. "무슨 소리야" 하고 계면쩍게 웃은 제 사연은 이렇습니다.

며칠 전, 소나기가 온 날 일입니다.

저는 그날 오랜만에 만나게 된 친구와 술을 마시다 보니 취했었지요. 집으로 돌아올 때는 밤이 꽤 깊었습니다.

전철도 막차를 탔던 것 같아요. 전철에서 내려 논두렁길을 걷는데 물간에서 초승달 빛을 받아 번득이는 것이 있겠지요. 살며시 손을 넣어 수초를 덮쳤더니 붕어가 잡혔습니다. 막상 붕어를 두 마리 잡긴 했지만 넣어 올 그릇이 없었습니다.

어렸을 적에 했던 대로 신을 벗었지요. 구두에 물을 담아서 거기에 붕어를 넣고, 맨발로 걷는 밭길은 즐거웠습니다. 아내로부터 환영받지 못한 것은 물론입니다만.

그러나 저는 현재(現在)가 절대(絶對)라는 편입니다. 체면 때문에 마음을 속이고 싶지 않으며, 이 순간의 동심(童心)을 잠재우고 싶지 않습니다.

제가 평소 좋아하는 헬렌 켈러 여사의 에세이 가운데에서 다음 대목을 옮겨 드립니다.

"내일이면 장님이 될 것처럼 당신의 눈을 사용하십시오.

그와 똑같은 방법으로 다른 감각들에도 적용하여 봅시다.

내일이면 귀머거리가 될 것처럼 말소리와 새소리, 오케스트라의 힘찬 선율을 들어 보십시오.

모든 물체를 내일이면 만져 보지 못하게 될 것처럼 만져 보십시오.

내일이면 다시는 냄새와 맛을 못 느낄 것처럼 꽃향기를 마시며 매 숟갈 맛을 음미하십시오."

보릿대 짚이 드문드문 떨어져 있는 들길을 홀로 걷습니다.

모들이 가냘프게 심어져 있는 논에서 들려오는 개구리 울음소리. 멀리 보이는 산비탈에 서 있는 나무들은 노을까지도 녹색으로 물들일 것처럼 무성합니다.

산까치 우는 소리가 앞 미루나무에서 들리더니 잠잠합니다.

물간을 보고 오는지, 농부가 어깨에 삽을 메고 들녘 외딴집을 향해 걸어갑니다. 아이들이 달려 나옵니다.

여자 아이가 삽을 받아 두 손으로 들고 가고, 농부는 아장아장 걸어 나오는 아기를 두 손으로 높이 높이 들어 올립니다.

이 들녘의 싱싱한 모두를, 평화를 정지시키고 싶은 순간입니다.

나도 클로버 꽃이라도 하나 따 들까 하다가 그만둡니다. 지금 여기에서 아무리 작은 클로버 꽃일지언정 축을 낸다면 들의 이 수평이 기울어질 것 같은 염려가 생겼기 때문입니다.

사랑을 이루는 달이기를 빕니다.

내가 사랑하는 것들

비 온 뒤에 한 켜 더 쟁여진 방죽의 풀빛을 사랑합니다.
토란 속잎 안으로 숨는 이슬방울을 사랑합니다.
외딴 두메 옹달샘에 번지는 메아리 결을 사랑합니다.
어쩌다 방 윗목에 내려오는 새벽 달빛을 사랑합니다.
화초보다는 쑥갓 꽃이며, 감꽃이며, 목화 꽃이며, 깨꽃을 사랑합니다.
초가지붕 위에 내리는 새하얀 서리를 사랑합니다.
무 구덩이에서 파낸 무들의 노오란 순을 사랑합니다.
아스팔트를 뚫고 올라왔다는 금양의 그 죽순을 사랑합니다.
고향의, 해 질 무렵이면 정강이에 뻘을 묻히고 돌아오던 건강한 수부들을 사랑합니다.
지나가는 걸인을 불러들여, 먹던 밥숟가락을 씻어서 건네주던 우리 할머니를 사랑합니다.

상여 뒤를 따라다니며 우느라고 눈가가 늘 짓물러 있던 바우네 할머니를 사랑합니다.

남의 허드렛일을 자기 일처럼 늦게까지 남아 하던 곰보 영감님을 사랑합니다.

명절 때면 막걸리 기운에 코끝이 빨개져서 소고 하나만을 들고 농악대 뒤를 따라다니며 덩더쿵덩더쿵 어깨춤이 신나던 복애 아버지를 사랑합니다.

동네 머슴 제사를 1백 년이란 긴 세월 동안 한 번도 거르지 않고 지내고 있는 문경의 농바윗골 사람들을 사랑합니다.

죽으면서 동네 정자 앞에 있는 소나무한테 자기 재산의 절반인 논 열다섯 마지기를 상속시킨 예천의 이수목 노인을 사랑합니다.

눈 쌓인 겨울날이면 산짐승들이 걱정되어서 산자락에 무며 고구마를 던져 놓는 송광사 스님을 사랑합니다.

고향을 잊고 사는 사람들에게 고향 소리를 들려주고자 여치 1만 마리를 키우고 있는 전주의 서병윤 씨를 사랑합니다.

내가 사랑하는 이 모든 것을 버무려서 그 누구도 아닌 한국의 아이로 복제하고 싶은 《초승달과 밤배》 속의 주인공이 '난나(나는 나)'입니다.

풀꽃 하나도 아끼는, 조용한 아침의 나라다운 화평(和平)의 피를 가진 아이. 이 땅의 난나들이 자연을 정복하는 것이 아니라 산천과

융화해서 사는 삶, 양적인 물질의 풍요보다는 생활의 질을 추구하는 삶, 그리고 보다 높은 인간적 사랑으로 분열을 극독하고 하나 되어 살아가기를 이 밤에 기도합니다.

조각보 같은 행복

한때 서울의 폭력계를 지배했던 사형수가 형장으로 향하면서 이런 말을 남겼다고 한다.

"내가 이제 다시 살기만 한다면 저기 저 기저귀가 날리는 판잣집 안에서도 진정한 행복을 찾을 수 있을 것 같다."

그가 마지막으로 그려 본 행복이란 어떤 것이었을까.

모르기는 해도 하루 일을 마치고 연탄 한 장 달랑 새끼줄에 꿰 들고 들어가는 판잣집일망정 아기는 새록새록 잠들어 있고, 아내는 기저귀 개키고, 남편은 김치 깍두기에 막걸리 한 사발 마시는 데서 오는 그런 포만감이 아닐까 하고 생각해 본 적이 있다.

거대한 것만을 좇는 현대인들은 하찮게만 보일는지 모른다. 무슨 직위를 얻어 냈다든지, 아니면 몇십 대 일의 시험이나 추첨에 끌려들었다든지, 크나큰 상을 받아 냈다든지 해야 비로소 행복의 테두리 내에 드는 것으로 여기는 사람들.

그러나 가만히 살펴보면, 이렇게 큰 행운이라는 것을 받을 이는 지극히 소수에 불과하고 대부분의 인생은 이런 큰 선물을 받지 못한 채 끝난다는 것을 알게 된다. 하지만 평범한 가운데의 작은 행복은 누구든지 주워 가질 수도 있고 그냥 지나쳐 버릴 수도 있다.

지난겨울 어느 날, 산에 갔다가 내려오는 길에 목욕탕에 들렀다. 그때 나는 온통 물속으로 잠겨 들면서 "아, 기분 좋다"고 했는데, 나의 친구는 "아, 행복하다"라고 중얼거렸다.

작은 행복의 비결이란 각자가 어떻게 느끼는가 하는 바로 여기에 있는 것이 아닐까.

무지개가 떴다고 어서 빨리 도봉산 쪽의 창문을 열고 보라는 아이의 전화 한 통화로도 우리는 너끈히 행복해질 수 있다.

한번은 밤늦게 귀가하는데 달이 휘영청 밝았다.

약간의 취기가 있던 참이라 나는 오랜만에 옷친지 분께 전화를 걸었다.

"달이 보이세요? 만나서 술 한잔 했으면 좋겠는데 거리가 원체 멀어서요."

그러자 이내 저쪽의 호령이 떨어졌다.

"무슨 소리를 하는 거야. 그럼 지금 하자고. 꼭 얼굴을 대하고 먹어야만 맛인가 뭐. 자네도 준비하게(여보, 술 한잔 따라 오우. 어서). 자, 드세. 건배!"

그렇다. 그때 내 가슴에 술보다도 먼저 흥건히 고이던 것을 행복이라고 나는 자신 있게 말할 수 있다.

며칠 전 미국으로 떠나기 직전에 만난 한 여기자의 손톱에 봉숭아 물이 참 선명했다.

"봉숭아가 나올 철도 아닌데 어떻게 하셨어요?" 하고 내가 묻자, 그 여기자는 수줍게 웃으며 대답했다.

진주에 있는 시가에 인사드리러 갔더니 시어머니께서 물들여 주셨노라고.

그분의 시어머니는 봉숭아와 백반을 찧어서 비닐로 싸 냉장고에 보관해 두고 계시다는 것이다.

봉숭아 물보다 더 진한 시어머니와의 행복한 영상을 지니고 간다는 며느리. 그분들의 맑은 행복이 나한테까지도 잔잔히 전해져 왔었다.

그래, 이렇듯 행복이란 가꾸어 갈 수도 있는 것이다.

작은 조각 천들을 이어 붙여 커다란 식탁보를 만들 수 있듯이, 남이 보기에는 부스러기와 같은 것이지만 잘 이으면 큰 것 못지않은 행복을 누릴 수도 있는 것이다.

그대 뒷모습

　유능한 관상가는 세수조차도 하지 않은 본래의 얼굴을 보고자 한다고 들었다. 아니, 그보다 더 나은 관상가는 뒷모습을 눈여겨본다고 했다.
　《춘향전》에도 이몽룡이 성춘향더러 "뒤로 돌아서라, 뒤태를 보자"고 하는데 세태가 변하면서 앞모습만 강조되는 현실이다.
　사실 내용보다도 겉포장이 중시되고, 실속보다도 이름값을 들추어 따지는 세상에서 뒷모습 예찬을 나서는 나에 대해 스스로 연민을 금할 수가 없다.
　이제는 도시건 지방이건 어지간하면 군중을 실감할 수 있다. 옛날에는 옷깃만 스쳐도 인연이라 했다지만 지금은 거리에서, 차 안에서 맨살끼리 부딪치는 것도 다반사이고, 이것을 인연으로 생각할 사람은 억지라고 해도 지나친 말이 아니다.
　앞에 나타난 얼굴을 곁눈질이라도 하다 눈이 부딪쳐 뺨에 꽃물이

번지던 시절은 이미 풍속 박물관용이 되어 버렸다. 정면으로 대하게 돼도 눈썹 하나 움직이지 않고 눈싸움이라도 하는 양 좀처럼 비키려 하지 않는 현대인들.

차라리 나같이 소심한 사람은 행인들의 뒷모습에나 부담을 느끼지 않고 오래오래 바라본다. 정류장에서, 지하철에서 그리고 길을 가면서 앞사람의 뒷모습을 보고 혼자만의 상상을 할 수 있다는 것은 나만의 즐거움이기도 하다.

지난 2월 어느 날이었다. 또박또박 걸어가는 앞선 여인의 발걸음이 그렇게 곧을 수가 없었다. 앞에서 사람이 충돌할 듯 마주 오면 투우사처럼 한 걸음 옆으로 비켜나서 걷는 것도 앙증스러워 보였다.

전철을 기다리는 시간에는 책을 꺼내어 보았고 전철 안의 사람 틈을 비집고 들어갈 때는 연방 고개를 숙여 미안함을 표시했다.

그러나 내가 정작 감동한 것은 그다음이었다. 추운 겨울 아침의 전철 창은 성에가 가득하게 마련이다.

그럴 때 대개의 사람들은 무심하지만 더러는 손길이 닿는 부분을 빠끔히 닦아서 자기 한 사람이면 족할 만큼의 창밖 풍경을 내다보곤 한다.

그런데 이 여인은 핸드백에서 휴지를 꺼내더니 유리창 전체의 성에를 다 닦아 내는 것이 아닌가.

나는 그 여인의 뒷모습을 지켜보면서 우리가 성인(聖人)들의 초상화에서 보는 흐광(後光)이란 바로 이런 데서 생기는 것이겠구나 하고 깨달은 적이 있었다.

나는 간혹 우스갯소리로, 우리 집 장롱의 상흔을 헤아려 보면 우리 집이 이사 다닌 횟수를 알아낼 수가 있다고 말하곤 한다. 상도동에서 수유리로, 수유리에서만도 세 번, 태릉으로, 그리고 수원으로.

그동안에 딱 한 번 전 주인으로부터 받은 편지가 나한테 아주 소중히 보관돼 있다.

"안녕하십니까?

저는 이번에 선생님이 이사해 오신 그 집에서 7년을 살았던 사람입니다. 그날 사정상 선생님 댁이 오시기 전에 저희가 떠난 관계로 서로 상면할 기회를 가지지 못했습니다. 미안하게 생각합니다.

제가 오늘 펜을 든 것은 그 집에서 살아 본 사람으로서 일러 드리고 싶은 두어 가지가 생각나서입니다. 먼저 건넌방에 연탄가스가 한 번 샌 적이 있었던 사실입니다. 물론 경미한 일이었고 수리도 곧바로 했었습니다만 혹시 또 모르니 가구를 들여놓기 전에 한 번 더 살펴 주시기 바랍니다.

그리고 어쩌다 부엌 하수구가 막힐 때도 있었는데 그것은 부엌 위치상 하수도 배관이 휘어 있어서 그렇습니다. 그럴 땐 부엌 뒤꼍에 있는 작은 돌무더기를 헤치고 뚫으면 큰 힘이 들지 않습니다

옆에서 집사람이 또 하나 더하는군요. 아주머니께서 찬거리를 사

실 때는 골목 시장의 끝에서 두 번째 있는 할머니 가게에서 사는 것이 싸고 맛있다 합니다. 특히 그 할머니는 부모 없는 오뉘를 공부시키면서 근근이 살아가는 분이라 하는군요.

그럼 선생님 댁에 두루 편안하시고 즐거운 나날이기를 기도드리면서 이만 줄입니다."

자연을 보고 있자면 시작도 물론 아름답다. 먼동이 터오는 아침, 봄날의 여린 새싹들, 어린 새들의 재롱.

그러나 자연의 아름다운 뒷모습은 이에 비할 바가 아니다. 해 질 무렵의 저녁노을, 저 불붙는 듯 화려한 낙엽들. 새들도 죽을 때 우는 울음이 가장 빼어나다 하지 않던가.

뒷모습은 곧 그 사람의 성숙도를 나타낸다. 이 지구를 다녀간 뒤에 성인으로 추앙받는 분들을 보라. 어디 뒤끝이 상큼하지 않은 이가 있는가.

근자에 우리 주변에서는 어떤 분의 특별 강연 내용이 흘러나와 쓴웃음을 웃게 하였다. 한때 '빽' 그 자체였고, '힘' 그 모체였던 분이 "빽도 없고 힘도 없어 억울하노라"는 넋두리와 함께 "분한 마음에 잠이 오지 않아 밤중에 소리라도 지르고 싶다"고 했다던가.

미국의 대통령이었던 카터는 고향에서 목수 일을 익혀 이웃집들 수리하는 일을 돕고 있다는 외신을 본 적이 있다.

그 사람의 실체는 정작 본인이 떠난 다음에 그가 머문 자리에서 운명처럼 향기처럼 남는 것이다.

앞모습보다는 뒷모습이 아름다운 이들의 이웃이고 싶다.

별 하나의 위안

누구한테나 정든 곳이 한두 군데 있을 것이다. 고향 집이거나 모교이거나 아니면 사랑하는 이들끼리 늘 함께 만나곤 했던 그곳이거나.

나한테 누가 "정든 곳이 있느냐?"고 묻는다면 나는 서슴지 않고 '송광사'가 그곳이라고 대답하겠다.

송광사에 처음 간 것은 초등학교 6학년 때였다. 가을께라고 기억하는데 졸업을 앞둔 어린 우리들의 수학여행 기착지였다. 고향에서 멀지 않은 관계로 각자 먹을 쌀 석 되씩과 버스 삯 몇 푼이 여행 비용의 전부였다.

나는 지금도, 버스에서 내려 한참을 걸어 올라가던 조계산 자락의 낙엽이 수북이 쌓인 그 산문로(山門路)를 잊을 수가 없다. 비가 갠 가을날의 오후였기 때문일까. 그날의 투명한 산천은 이슬 속에 비쳐 든 풍경 같았다.

그때만 해도 절 아래에 숙박업소가 없었다. 밥도 절의 스님들이 지어 주었고 잠도 객사에서 재워 주었었다. 변소가 너무도 높아서 부들부들 떨었던 기억이 생생하다. 우리가 절을 떠날 때 스님들이 우리들의 호주머니 속에 쑤셔 넣어 준 누룽지와 함께.

그 후, 내 나이 스물하고 한 살 적이었다. 초겨울 어느 날, 입영 통지서를 받아 쥔 나는 불현듯 송광사를 찾았었다. 마침 조용히 눈이 내리고 있었는데 누구의 먼저 간 발길이었을까. 대웅전으로 향해 있는 신발 자국이 너무도 선명해 눈이 시렸다.

그리고 또 10년이 훌쩍 지났다. 몸담고 있는 직장 일로 송광사에 들른 그때도 계곡 물은 예전 그 소리를 내며 흐르고 있었다. 나의 소년과 청년은 어디로 달아났는가. 문득 고개를 들어 바라본 우화각(羽化閣)의 난간에는 노스님 한 분이 고요히 앉아 있었다.

미동도 하지 않고 흘러가는 물에 눈을 주고 계시는 스님. 그 노스님은 그 순간에 천 년 세월을 물 낙서처럼 지우고 계실지도 모를 일이건만.

작년 여름에 할머니의 묘를 이장했다. 내게 정을 다 들인 분이 뼈만의 모습으로 나타난 것을 지켜보는 일은 역시 허허로움이었다.

이장 일을 마치기가 바쁘게 송광사로 향했다. 무슨 용건이 달리 있는 것도 아니었다. 그냥 송광사의 바람을 마시고 싶었다. 그리하여 조계산의 바람으로 다소나마 가슴을 헹구면 새 빛이 들 것 같았다.

나는 청량각(淸凉閣)을 지나다 말고 인경 소리를 들었다. 마침 노을도 지고 있었는데 내 앞에 문득 해 질 무렵을 좋아하는 스님의 모습이 떠올랐다.
  나는 큰절을 거치지 않고 곧장 샛길로 들어섰다. 새들은 날지 않고 나뭇가지에로 옮겨 앉을 뿐이었고, 다람쥐란 놈이 내가 가는 쪽으로 먼저 뛰어가기도 했다.
  텃밭에서 상추를 솎고 있던 스님이 빙긋 미소를 띠고 말했다.
  "우선 찬물이나 한 바가지 떠 마시구려."
  찬물을 받쳐 든 바가지에 별 하나가 돋았다. 나는 천천히 버들잎인 양 별을 불면서 물을 마셨다. 바가지의 물이 없어지자 별도 사라졌는데 나는 간혹 마음이 허할 때면 가슴에 별 하나가 떠오르는 것을 느낀다.
  그것은 천금과도 바꿀 수 없는 나의 위안이 된다.

작은 기적

영세를 받은 이듬해 정월이었다. 몸담고 있는 회사 일로 경기도 일산에 있는 한 수녀원을 찾아가게 되었다.

눈이 녹아서 진흙에 신발이 푹푹 빠지는 산등성을 넘자 마을이 보였다. 인가 한 스무 남은 집밖에 되어 보이지 않는 그저 한가하기 그지없어 보이는 시골 풍경. 어느 집에서인지 수탉이 길게 홰를 치고 울었다.

'저 가운데 어느 집이 수녀원일까?'

나는 한참을 상수리나무 밑에 서 있었다. 그도 그럴 것이 짐작이라도 가는 건물이 보이면 나서겠는데 모두가 다 그만그만한 집들뿐으로 내 고정관념 속의 수녀원, 즉 견고한 벽돌로 된, 유리문이 많지 않은 현대식 건물은 아무리 살펴봐도 보이지 않았던 것이다.

마침, 칡넝쿨로 짠 광주리 속에 하얀 토끼를 한 마리 담아 가지고 지나가는 수녀 분으로 해서 나의 당혹은 오래가지 않았지만.

낮은 산 끝에 있는 초가집. 옷자락에 지푸라기가 묻은 수녀 분들이 하나씩 둘씩 돌아오고 있었다. 딸기 밭에 짚을 덮는 삯일을 마치고 오는 길이라고 했다.

가난한 사람들의 이웃으로서 그들과 함께, 같은 일을 하는 것으로 수도와 전교를 삼는 수도회인 예수의 작은 자매회.

후일 나는 이 수녀원의 서울 난지도 분원에도 가보았는데 그곳은 더더욱이나 나에게 작은 것으로의 향함이 무엇인지를 생각하게 하였다.

거기에 사는 수녀 두 분은 난지도 빈자들이 하는 쓰레기 뒤지는 일을 하면서 살고 있었던 것이다.

수녀들의 집도 시에서 그곳 주민들을 수용하기 위해 지은 세 평짜리 간이 막사였다. 세 평의 그 공간을 현관과 부엌으로 한 평, 그리고 한 평은 성당으로, 나머지 한 평은 숙소로 쪼개 쓰고 있었다.

그런데 한 평짜리 작은 자매회의 성당에는 크리스마스 때 쓰레기 하치장에서 주워 왔다는, 테가 떨어져 나가고 없는 헌 바구니를 의지 삼아 아기 예수님이 누워 계셨는데, 그렇게 평화로워 보일 수가 없었다.

지금도 마음이 맑을 때면 그날 오후에 노오란 유자 빛 햇살이 조용히 젖어 들던 그 작은 성당의 창호지 문이 떠오르곤 한다.

그해 6월 어느 날이었다.

예수의 작은 자매회의 맏수녀 분께서 회사로 나를 찾아와서 자매회의 수녀 분들이 농한기에 빚는다는 성모자 상을 선물로 주셨다.

엷은 갈색의 적토색으로 성모님과 아기 예수님의 웃음이 빈 데 없이 잘 배어 있는 성모자 상이었다.

이 성모자 상을 내 방에 모신 후 나는 아침이면 출근하면서 "다녀오겠습니다" 하고 인사도 드리고, 술에 젖어서 올 때는 "한잔했습니다" 하고 뒷머리를 긁적인 적도 여러 번이었다.

그런데 하루는 회사에서 돌아와 겉저고리를 벗는데 큰아이가 겁먹은 얼굴로 다가와서 내게 말했다. 작은아이가 성모자 상을 넘어뜨려서 아기 예수님한테 상처가 생겼다는 것이었다.

내 방으로 건너가 보니 과연 아기 예수님의 어깨 부쿤에 금이 가 있었고 거기에 본드가 칠해져 있었다.

나는 관솔에 성냥불이 닿은 것 같은 격한 불길을 느끼면서 아이들의 방문을 열었다.

문제를 일으킨 작은아이가 구석 벽에 코를 박고서 새우잠을 자고 있었다. 아이의 등을 잡아 일으키는데 주르르르 하고 아이의 손바닥에서 미끄러져 나오는 것이 있었다. 묵주였다. 그제야 아이의 뺨에 나 있는 눈물 자국도 보였다.

나는 아이의 묵주를 들고 창가로 물러나 앉았다. 물끄러미 십자가를 보고 있는 나에게 예수님은 이렇게 말씀하시는 것 같았다.

"괜찮다. 나는 상처를 입고 피를 흘려서 너희의 죄를 씻고자 이 땅에 온 것이다."

나는 커튼을 젖혔다. 전에 없이 별이 많이 보이는 밤이었고 풀잎 기우는 소리도 들리는 듯 정적이 깊은 밤이었다.

나는 오랜만에 찬 겨울날에 뜨거운 차를 마신 것처럼 잔잔하게 더워지는 가슴을 의식했다.

그 후부터 나는 아이들이 상이라도 하나 받아 오는 날이면 아기 예수님의 어깨에 상처가 있는 이 성모자 상 앞에다가 바치도록 한다. 그리고 나도 좀 마음에 드는 글이 써졌다 싶으면 이 앞에서 읽어 드린다. 때로는 아이들 노래자랑을 이 앞에서 시키기도 하고, 예쁜 꽃을 이 앞에 올리기도 한다.

얼마 전에 고향에 갔다 오는 길이었다. 차에 올라타 있는데 농사를 짓고 사는 친구가 차창으로 비닐 주머니 하나를 밀어 넣어 주었다. 비닐 주머니 속에 뭐가 들어 있는가 보았더니 석류가 세 개 들어 있었다.

옆에 앉은 학생이 "어머, 그것이 석류라는 것인가요?" 하면서 신기해하기에 하나를 꺼내 주었다.

차에서 내려 집에 오는데 우연히 그림 그리는 후배가 맞은편에서 오며 "형" 하면서 반겼다. 나는 "이것 한번 그려 볼래" 하고 둘 중에서 좀 벌어진 것을 골라 주었다.

집에 돌아와 보니 아직 설익은 것이 내 몫이었다. 그것을 고향에 다녀온 기념품으로 성모자 상 앞에 놓고 잠자리에 들었다.

이튿날 아침에 나는 아이들의 떠드는 소리에 눈을 떴다.

"아빠, 이것 봐요, 이것 봐요."

나는 아이들이 가리키는 곳으로 고개를 돌렸다. 아, 순간 나는 가슴속으로 쩌르르 흐르는 전류를 느꼈다.

성모자 상 앞에 놓인 석류가 살짝 터진 것이다. 아기 예수님의 어깨 상처 그 각도와 흡사하게.

나는 가슴 위에 손을 모았다.

유리창으로 햇살이 밀려들어 오고 있었다.

다시 꽃뫼에서

　이 집으로 이사를 온 것은 동짓달이었다. 대문을 들어서자 뜰은 낙엽으로 가득하였고 목련 나무에는 지고 없는 잎 대신에 참새 떼가 가지런히 앉아 있었다.
　담장 밖 언덕에는 1백 년은 실히 넘었음 직한 소나무가 우리 집을 향해 팔을 뻗고 있어서 창살 틈에서고 마루 틈에서고 간혹 금 머리핀 같은 솔 가리개가 나타나곤 한다.
　내가 장도리를 사와서 처음 사용한 것은 소나무에 빨랫줄을 묶느라고 박혀 있는 큰못을 빼낸 일이었다. 벽에 못을 치는 일이 급한데 그런 일에 정신을 판다고 하는 집사람한테 이렇게 대답하였다.
　"연장을 좋은 일 하는 것으로부터 길들여야 할 게 아니오."

　박약국 집 아이가 갑자기 병원에 입원했다는 전갈을 듣고 문병을 갔다. 병원에 드나들 때마다 새삼스럽게 느끼는 것은 건강이 행복의 제일 조건이라는 평범한 진리이다.

"병원에 가면 환자가 많고, 공동묘지에 가면 죽은 사람이 많다"라는 우스갯말도 있지만 우리는 평소엔 건강의 고마움을 모르고 지낸다. 죽음도 남의 것으로만 생각하기 쉽다.

그런 점에 있어서 병원이나 장례식 같은 데를 인사치레가 아닌 생의 충전을 받기 위해서도 다닐 필요가 있다.

얼마 전 친지의 장례 미사에서 "죽음처럼 평등한 게 없다. 모든 사람들은 다 죽으니까."라는 신부님의 강론을 실감 있게 들었었다.

아이의 병세는 위중한 것 같았다. 수술하기 위해 머리를 깎은 어린 것의 모습이 내게 슬픔을 주었다.

침대 머리에서 흐느끼고 있는 저희 엄마더러 아이가 물었다.

"엄마도 아파?"

대답이 없자 일곱 살짜리 녀석은 이렇게 말하고 있었다.

"내가 엄마 것까지 다 아플게. 엄마는 웃어."

이 마을의 입구에는 내가 일군 작은 꽃밭이 있다. 아이들이 뛰노는 공터의 구석인데 이 꽃밭이 생겨난 데에는 나의 부끄러운 사연이 있다.

지난봄이었다. 이 자리에 보기 드문 풀 한 포기가 자라고 있었다. 난 관심이 없어 무심히 지나쳤었는데 어느 날 보니 이웃 할머니 한 분이 아카시아 가지를 베어 와서 그 풀나무 근처를 막고 있었다. 내가 무슨 꽃이냐고 묻자 나중에 꽃이 피면 보라는 할머니의 대답이었다.
 그런데 6월 어느 날 아침이었다. 전철을 타러 나서는데 빈 터의 구석 편에 눈부시게 피어난 꽃이 있었다. 보슬비에 함초롬히 젖어 있는 꽃태. 그렇게 아름다운 꽃은 그때 나는 처음 보았다. 돌아서려는데 뒤가 돌아보여서 도저히 발이 옮겨지지 않을 정도였다.
 이날 나는 감히 사람들이 보이지 않는 틈을 이용하여 꽃 도적질을 하고 말았다. 그런데 저녁에 회사에서 돌아오니 아내가 수심 어린 얼굴로 할머니가 양귀비꽃을 잃었다며 여간 서운해하지 않는다는 말을 했다.
 번민 끝에 우리 뜨락으로 옮겨다 놓은 그 꽃나무를 밤중에 다시 제자리로 옮겼다. 그러나 이 양귀비 꽃나무는 이때의 몸살 탓인지 시름시름 앓다가 맺어 놓은 꽃망울도 다 피우지 못하고 죽고 말았다.
 이때처럼 마음이 아픈 적도 드물었다. 그래서 일요일 한나절을 잡아 속죄한다는 심정으로 그 자리에 작은 꽃밭을 일궈 놓은 것이다.
 오늘 아침의 작은 꽃밭에는 노란 국화꽃이 피어서 하얀 서리를 듬뿍 뒤집어쓰고 있었다.

개태 이야기

꽃뫼 마을에 집을 사서 들어서자 이 녀석이 먼저 소리를 내었다. 털이 하얀 스피츠인데 제 판잣집에 틀어박혀 눈에 파란빛이 일렁일 만큼 죽어라 하고 짖어 댔다.

어떻게 좀 사귀어 볼까 하고 빵을 사 들고 간 아이들한테 으르렁거려서 혼비백산하게 만들었고, 이튿날이 되어 목이 쉬어도 녀석은 짖기를 멈추지 않았다. 전 주인이 이사 가면서 물려준 개인데 이렇게 되고 보니 괜히 얻었다 싶은 생각이 들 정도였다.

참다 못해 집사람이 "저 빌어먹을 놈의 개새끼, 옆집 할머니네에나 주어 버립시다" 하는 것을 "쉬 달구어지지 않는 조선 솥이 오래가지 않던가요? 두고 보시오. 정들이든 또 그만큼 잘 따를 것이오" 하고 말렸다.

과연 녀석은 차차로 낯이 익어지자 처음 사납게 짖던 맹렬만큼 우리 식구들하고 바짝 가까워졌다. 이름도 원래의 '해피'에서 우리 아이들의 돌림자인 '태' 자를 써서 '개태'로 바뀌었다.

그러자 바깥 외출이 잦은 녀석을 아이들이 "개태야! 개태야!" 하고 찾으러 다니는 통에 이웃에서 우리 집을 가리켜 '개태네 집'이라고 하기에 이르렀다.

어느 일요일에는 이 마을에 외판 사원들이 들이닥쳐 이 집 저 집의 개들을 짖기고 다녔다.

그중에 한 사람이 우리 골목을 들어서면서 옆집 할머니한테 "저 집은 누구네 집입니까?" 하고 물었던 모양. 그러자 그 할머니가 무심히 "개태네 집이라우" 하는 말을 듣고 이 사람이 대문을 두들기면서 부르는 것이었다.

"개태 선생님, 개태 선생님 계십니까!" 하고.

물론 녀석이 컹컹 대답을 하였는데 우리는 여간 쑥스럽지가 않았다.

이 녀석한테 얽힌 에피소드는 이외에도 많다. 아침 출근할 때 밖에서 놀고 있는 녀석한테 들킨 날이면 온 동네 개들을 다 데리고 전철역까지 배웅 나오는 통에 사람들의 시선을 집중시키지를 않나. 족발집에서 소주를 마신 김에 생각이 나서 한두 번 먹고 남은 것을 비닐봉지에 담아 들고 들어왔더니 밤이 늦을 때는 꼭꼭 전철역으로 내 마중을 나오질 않나.

그런데 어느 날 퇴근해 가니 아이들이 앞서거니 뒤서거니 달려 나오면서 말했다.

"아빠, 개태가 잡혀갔나 봐요."

"개태가 잡혀가다니, 누구한테 잡혀가?"

그때서야 나는 녀석이 보이지 않는 것을 알았다. 집사람의 설명으로는 아침나절에 나간 후로 들어오지를 않는다고 했다.

점심 무렵에 개 장수의 "개 파세요, 개 파세요" 하는 소리가 들렸는데 그때 어찌 된 것 같다는 것이었다.

정들인 것을 잃어 본 사람은 알겠지만 여간 마음이 섭지 않다. 녀석의 빈집을 보는 것도 괴롭고 이웃집 개가 짖는 것조차도 가슴 아팠다. 녀석은 집을 나간 지 나흘째가 되어도 종무소식이었다.

그 주 일요일에 나는 성당에서 미사를 마치고 사제관에 들러 신부님을 만나고 있었다. 집 나간 개태 이야기를 하면서 나는 아이들이 성모님께 전에 없이 국주 기도를 드리고 있는 것이 녀석 때문인 것 같다는 얘기를 하고 있는데 전화벨이 울렸다.

전화를 받는 신부님의 얼굴이 환해지며 "기쁜 소식입니다" 하면서 수화기를 건네주었다. 집사람의 숨가쁜 음성이었다.

"개태가 돌아왔어요. 무슨 끈을 끊고 왔는지 목에 털이 벗겨지고 상처가 크게 났어요."

꽃뫼 마을에 산 지 3년 만에 우리도 부득이 아파트로 이사를 나오게 되었다. 집이 팔리자 가장 마음에 걸리는 것이 녀석이었다.

아무리 궁리를 해도 뾰족 수가 없었다. 전 주인처럼 집을 사서 오는 분들께 부탁을 하고 헤어지기로 결정했다.

우는 아이들을 달래며 이삿짐 차에 올랐다. 그러나 녀석은 아이들이 사다 준 소시지에 정신이 팔려 떠나는 우리를 못 보았다.

그날은 외국으로 떠나는 친구의 송별연 관계로 밤길이 늦었다.

전철을 타고 전에 살던 화서역을 지나면서 무심히 창밖을 보고 있던 나는 화들짝 놀랐다. 수은등 아래에 쪼그리고 앉아 있는 하얀 것. 그렇다. 녀석인지도 모른다.

나는 수원으로 들어갔다가 다시 되짚어 나왔다. 역의 출구를 나서는데 쏜살같이 달려와서 엉겨 붙는 것은 녀석이었다.

안면 있는 역원이 곁에서 말했다.

"개가 의리 없는 사람보다도 낫습니다. 저놈이 밤마다 나와서 기다리는 것을 보고 우리들끼리 그런 얘기를 하곤 합니다."

그 뒤부터 나는 한 며칠 동안 집에 가기 전에 먼저 녀석의 군것질을 준비해 가서 녀석하고 만나곤 했다.

그러나 어느 날 문득 생각했다. 내가 언제까지고 이렇게 녀석한테 꼭꼭 들를 수가 없는 일 아닌가. 이것은 녀석을 행복하게 하는 것이 아니라 고통을 주게 되는 일인지도 모르겠다고.

그날 이후 나는 녀석한테로의 발걸음을 뚝 끊었다.

아, 매정하기 이를 데 없는 인간의 이 에고여!

전기가 없는 곳에서

　이처럼 외딴 두메에 와보기는 유년 시절의 고향 말고는 처음입니다. 버스에서 내려 시오 리쯤 걸어 들어오는데 사람은 꼭 두 번 만났습니다.
　한 번은 나물을 캐서 한 보퉁이 이고 가는 할머니였고, 한 번은 체며 소쿠리 등을 자기 몸집보다도 크게 지고 가는 방물장수였지요.
　개울을 따라 산굽이를 돌자 '딱, 따악 따악' 하고 메아리까지 일구며 들려오는 소리가 있었습니다.
　무슨 소리일 것 같습니까? 그렇습니다. 빨래를 두드리는 방망이 소리입니다. 우수 경칩이 지났다곤 하지만 높은 산의 얼음 풀려서 흐르는 물이라 아직은 손이 깨질 듯이 찰 텐데 그 흔한 고무장갑 하나 없이 개울물에 빨래를 하는 아낙네. 그러나 여인의 뺨은 햇볕이 든 창호지처럼 발그레이 맑기만 합니다.

이 외진 두메에서 사시는 분은 김대형이라고 하는, 한봉(韓蜂)을 치는 이입니다. 올해 나이가 예순 살인데 그가 살아온 인생의 반을, 그러니까 30년을 고스란히 토종벌만을 키우면서 살아온 사람입니다.

처음 이분이 벌들에게 쏘이면서 벌들과 정을 들이기 시작한 곳은 순창의 강천 호반입니다.

제가 몇 년 전에 그곳을 방문했을 때만 해도 거기 역시 이곳처럼 전기가 들어오지 않는 산골이었습니다. 울타리도 없고, 그 집의 마당에 놓인 평상에서 푸른 호수를 향해 낚싯대를 드리울 수가 있었지요.

그런데 그동안에 거기 안골의 강천산이 '호남의 소금강'이라는 소문이 나면서부터 번거로워지기 시작했다는 것입니다. 전기가 들어오고, 차가 뻔질나게 드나들기 시작하고.

김대형 씨는 이렇게 말했습니다.

"조선 벌은 공해에 약해요. 아무리 밀원이 좋아도 농약 내음이나 기름 연기가 바람에 묻어 오면 시들시들해져요. 그리고 양봉(洋蜂)이 나타나면 그것처럼 괴로운 게 없어요. 양봉이 한봉을 쏴 죽일 뿐더러 꿀까지 훔쳐 가거든요. 행동에 있어서도 민족성을 보는 것 같아요. 가령 집 짓는 것을 가만히 보아도 금방 나타나요. 양봉은 밀랍에 송진을 버무려서 튼튼하게 짓는 데 반해, 한봉은 밀랍으로만 엉성하게 지어서 때로 집이 붕괴되기도 하는 부실 공사를 하거든요."

점심은 고구마를 삶아서 먹었습니다. 오랜만에 고구마에 김치를 없어서 먹고 찬물 한 사발을 마셨더니 포만의 기분이 참 좋습니다. 앞산 위에 떠 있는 흰 구름 같은 여유라 할까요?

주인은 벌통을 보러 나가고, 혼자 마루에 앉아 차를 듭니다.

"차는 혼자 마실 때가 제1맛이고, 둘이 마시면 제2맛, 그리고 셋 이상이 마시면 제3맛이라"던 말을 이제야 알아들을 듯도 싶습니다.

"먼 산을 바라보며 지난 일을 반성하며 그 사람을 용서하며"라는 말도.

벌이 한 마리 '앵!' 하고 날아와서 문창살 위를 사각사각 기어가는 발소리도 선명하게 들리는군요.

이 고요 속의 앞산과 개울, 벌 한 마리와 나 하나. 그리고 흰 구름과 하느님…….

얼마 전 영화에서 아프리카의 대자연을 보았을 때 저는 눈물이 날 만큼 감동하였지요. 하느님이 창조하시고 나서 하느님 보시기에도 좋았던 것. 그 원형이 우리들의 이 '자연의 미'이리라는 확신이 듭니다.

해가 기울면서 뒷산에서 뻐꾸기가 웁니다. 돌 틈의 제비꽃 한 송이가 귀를 여는 듯 다소곳이 피어 있습니다.

문득 저 앞에 떠오르는 분이 있습니다. 자연 속에서 자연처럼 살다가 자연 안으로 스며든 아시시의 성 프란체스코.

청빈을 재산으로 삼아 일생을 맨발로 다닌 이 성인이 어느 날 길섶에 피어난 작은 한 포기의 풀꽃을 만납니다. 풀꽃이 너무도 사랑스러위 살며시 꺾으려다 말고 성인은 화들짝 놀라 일어납니다. 그러곤 꽃에게 이렇게 말합니다.

"꽃의 자매여, 하마터면 큰일낼 뻔했구나. 나를 용서해 다오."

작은 풀꽃에게 정답게 '안녕!' 하고 인사를 나누며 걸어가는 뒷모습이 환영처럼 살아납니다.

행복에 대해서 우리는 다분히 추상적으로 인지하고 있습니다. 늘 푸른 초원과 근심 없는 나날, 그리고 늘 꽃 속에 묻혀 사는 젊음과 같은 것으로.

행복이란 과연 그런 것일까요? 실컷 먹고, 실컷 즐길 수 있는 곳에 행복이 정좌하고 있는 것일까요?

저는 이곳 전기가 없는 두메에 와서 생각해 보는 것이 많습니다.

여기는 텔레비전이 없습니다. 냉장고도 없습니다. 전화도 없고, 세탁기도 없습니다. 그러나 이상하게도 편안합니다. 그것은 아예 처음부터 없기 때문이 아닐까요?

우리는 가지기 전보다도 있다가 없어졌을 때의 고통을 더 못 견뎌 하는 것 같습니다. 냉장고가 고장이 나서 한 며칠 쓰지를 못하면 온 식구가 불편해합니다. 이것은 우리 스스로가 냉장고에 그만큼 길들여져 있었기 때문일 것입니다.

편리가 과연 행복의 조건일까요? 그리고 실컷 먹고 실컷 즐긴다는 것이 행복, 그 자체일까요? 아니라고 저는 생각합니다.

추운 날씨 속에 걸어와서 이 집에 들어섰을 때 대접받은 따끈한 차 한 잔은 내게 '행복'이라는 느낌을 갖게 해주었습니다.

점이 모여 선이 되고, 선이 모여 면을 이루어 내듯, 이러한 작은 느낌이 모여서 행복한 삶이 되는 것이 아닐까요?

이제는 곁에 있어도 못 알아보고 있는 행복을 알아보는 눈부터 떠야 할 것입니다.

참으로 오랜만에 등피를 닦습니다. 유년 시절에 했던 대로 비누 거품을 풀어서 등피 속에 넣고 흔들다 보니 문득 서쪽 하늘의 노을이 불꽃처럼 일렁거리는군요

뻐꾸기 울음소리가 다시 들려옵니다. 주인은 손님이 왔다고 건넌방에 군불을 넣습니다. 청솔 타는 냄새가 참 오랜만에 나를 상큼하게 합니다.

모처럼 내 몸을 만져 봅니다. 눈, 코, 입, 귀, 팔과 다리와 가슴과 발을······. 이들에게 도회지에서의 노고에 위로의 마음 전하면서 자리로 듭니다.

당신에게도 좋은 하루이기를 바랍니다.

당신은 행복하세요?

근래 들어 젊은이들의 인사말이 변하고 있다. '안녕'이라는 말 대신에 '행복'이란 말이 많아지고 있는 것이다. 예전 같으면 '안녕하세요' 했는데 지금은 '행복하세요'라고 한다. '안녕을 빌어요'도 '행복을 빌어요'라고 한다.

이는 행복이 절대 가치가 되고 있다는 현실적 반응이라고 나는 생각한다. 사실 한 사람의 인생 여정에 있어 행복하게 살았다면 이보다 더 만족스러운 결과는 없을 것이다. 그러나 병원의 중환자실에 가서 그곳에 누워 있는 분들을 만나 보면 인생에 회한을 가지지 않는 사람은 좀체로 찾아보기 어렵다. 그들 대부분은 어떻게 그렇게 쫓아다니기만 하다가 왔는지 후회스럽다며 한숨을 내쉰다. 물론 그들이 쫓아다닌 대상은 거의가 돈이다.

돈을 쫓아다니는 사람들 편에서는 사회의 공익을 위한다는 당위성 있는 이유를 가지고 있는 사람도 더러 있지만, 대개는 행복한 삶을 위해서 필요한 것이라는 쪽으로 귀결을 짓는다. 비애가 가득한 현실 속에서 좇아다니기만 할 뿐 붙잡지 못한 사람들 가운데 어쩌다 행운을 잡은 이들이 나타나기도 한다. 그런데 당연히 행복해야 할 이 사람들이 엉뚱하게도 불행으로 마침표를 찍기도 한다는 것이 사실이다.

얼마 전에 조선일보는 '어느 허망한 복권 인생'에 대해 간략히 전하고 있다. 귀금속 행상이던 그 사람은 넉넉하지는 않지만 무난한 결혼 생활 20년에 3남매를 둔 성실한 가장이었다. 그런데 1984년 7월 어느 날 '돼지꿈을 꾸었다'는 부인의 말을 듣고 구입한 주택복권이 1등에 당첨되면서 인생에 명암이 교차한다.

당첨금으로 건물을 사들여 건물주가 되고 다시 되팔고…… 그리하여 재산이 늘어나면서 다른 여자를 만나고 씀씀이도 커지고, 마침내 부인에게는 생활비도 제대로 주지 않으면서 폭행을 일삼다 실형을 선고받고 끝내는 이혼하고 말았다는 것.

이런 돈으로 불행을 산 이야기는 오늘도 우리 이웃에서 심심찮게 일어나고 있는 현실이 아닌가. 이는 돈에 의해 사랑을 잃은 결과라고 나는 생각한다.

설 연휴에 텔레비전 채널을 바꾸던 중 함박눈이 내리고 있는 산골 풍경이 잡힌 채널에 리모컨을 멈추었다. 화면 속의 그곳은 외딴 두메 산골 오두막으로 눈이 바깥 세상으로 통하는 길조차도 메워 놓고 있었다. 그런데 가만히 눈여겨보니 퍼붓고 있는 함박눈 사이로 새하얀

게 피어오르고 있는 연기가 있었다. 짧은 영상은 거기에서 끝났지만, 어느 나무꾼 부부가 그 오두막에 살고 있어 군불 겸 고구마라도 삶고 있을지도 모른다는 생각에 내 가슴속은 오랫동안 따뜻했다. 그렇다. 사랑이 있는 그 오두막의 아랫목에서 행복이 숨 쉬고 있을 것이다.

오늘의 젊은이들은 계곡 물 같은 관능적 사랑을 추구하겠지만 진정한 사랑은 들녘 사이로 흐르는 시냇물 같은 여린 음계라고 나는 생각한다. 자신의 몸속에 뜨겁게 끓고 있는 피에게 물어보라. 이 세상 마지막의 그리움은 돈도 명예도 아닌 고요한 사랑이라고 응답할 것이다. 내가 최근 어떤 잡지에서 본 젊은 의사의 글은 이런 간절함을 전하고 있다.

"공사장에서 추락 사고를 당한 젊은 노동자가 새벽에 응급실로 실려 왔다. 이미 그의 얼굴과 머리는 심하게 손상되어 살 가망은 거의 없었다. 그의 심전도를 체크하는 계기에는 규칙적이고 정상적인 박동을 나타내는 곡선이 아닌 물결 모양 파동이 그려졌다. 그것은 곧 죽음이 가까워 왔음을 의미했다. 보통 이러한 곡선이 나타난 이후 대개의 사람들은 일이십 분을 살아 있지 못한다. 그런데도 이 노동자는 계속 살아 있었다. 이것은 과학적, 의학적 상식으로는 납득이 가지 않는 경우였다.

그런데 저녁때가 되어 한 젊은 여인이 중환자실로 급히 들어왔다. 분명 멀리서 갑작스러운 연락을 받고 급하게 온 듯했다. 젊은 여인은 눈물을 쏟으며 가까스로 환자의 침대 곁에 다가섰다. 바로 이 순간 모니터 화면에서 끊임없이 지속되던 물결 모양 파동이 사라지고 마치 전원이 꺼진 것 같은 한 줄기 직선만이 화면에 나타났다. 그의 심장이 바로 그때 멈춘 것이다. 그녀는 결혼한 지 3개월에 접어든 그의 부인이었고 임신 중에 있었다."

2
아름다운 사람들

유년의 바다

내 어린 날의 배경은 온통 바다로 메워져 있다. 어느 기억이고 바다와 떨어져 있는 것은 하나도 없다.

고만고만한 초가들이 바지락조개들처럼 바다를 향해 다소곳이 엎드려 있는 마을. 그 마을의 가장 위쪽에 우리 집이 있었다.

그렇기 때문에 우리 집의 마루에서는 앉거나 서거나 바다가 한눈에 내려다보였다.

아침이면 섬들을 헤집고서 말갛게 떠오른 해가 이슬가다에다 영롱하게 입을 맞추는 것을 보았고, 달이 뜨는 밤이면 달빛이 파도 소리와 함께 남실남실 둔지방을 적셔 들던 것을 보았다.

그럴 때면 으레 할아버지가 방문을 바르시면서 돌쩌귀 근처에다 밀어 넣어 놓으신 댓잎이나 국화잎이 창호지 사이에서 선명히 떠오르는 것이었다.

지금 같은 봄날이던 저녁 안개 속에서 아련히 오는 듯 모르게 다가

오던 돛단배도 있었다. 더러 평화를 이야기할 때면 나는 이때의 정경이 떠오르곤 하는데 이런 평화도 이젠 만나 보기가 어려우리라.

동무들끼리 술래잡기를 하며 골목길을 달리다 보면 골목 끝을 봉해 있던 푸른 바다. 그렇다. 내 어린 날의 바다는 어디에고 나를 따라다녔다. 내가 뒷간에 들어가 있을 때는 하다못해 갈매기 울음소리라도 보내왔다.

내가 초등학교 3학년까지를 다닌 학교는 충무공 사당이 있는 솔밭 모퉁이에 있었다. 원래는 충무공 사당의 별채였는데 학교 건물이 마련되지 않아서 임시로 개조해서 빌려 쓴 교사였다. 그러니 운동장이 있을 리가 없었다. 바닷가의 모래밭을 이용해서 조회를 하곤 했다.

어느 아침이었다. 새로 오신 교장 선생님께선 물때를 알고 계실 리가 만무했다. 한창 조회 중인데 뒷줄의 아이들이 갑자기 웅성거렸다. 밀물이, 밀물이 다가와서 키 큰 아이들의 발목을 훔쳤던 것이다.

5월에는 충무사의 탱자나무 울타리에 탱자 꽃이 하얗게 피어났었다. 아기의 손톱만큼 작고 엷은 꽃인데 우리는 종이 팔랑개비 대신에 그 꽃으로 곧잘 팔랑개비 놀이를 하였었다. 탱자나무 가시에다 그 작은 꽃의 뒤꽁무니를 따 얹고 달리면 팔랑개비처럼 탱자 꽃이 비잉빙 돌았던 것이다.

그리하여 시작종이 울리면 우리는 그것들을 창틀 사이에 꽂아 놓고 공부하곤 했는데 탱자 꽃 팔랑개비가 다도해로부터 불어오는 미

풍에 쉬엄쉬엄 돌아가면서 탱자 꽃 향기를 자아내었다.

아아, 그처럼 감미로운 향기를 나는 또 어디에서고 대해 본 적이 없다.

이렇듯 내 어린 날의 바다는 나의 평화이며 순수이기도 하였지만 또한 나의 막연한 슬픔이기도 하였다.

겨울날 바닷가에 밀려온 성엣 틈에서 죽어 있는 어린 고기를 발견했을 때, 바다 위로 진 빨간 동백꽃 송이가 푸른 바닷물 위에서 외롭게 떠다니고 있는 것을 보았을 때, 그리고 파도에 휩쓸려 온 수초며 나뭇가지들, 또 누구의 것인지 모르는 외짝 고무신을 보았을 때.

그 막연한 슬픔을 지우기 위해서 그랬을까. 우리는 곧잘 바닷가에서 모래성을 쌓았다. 모래성은 어린 우리들의 미래의 모형이었다.

땅을 넓히고, 성을 높이고, 다음에 차지 않으면 무너뜨렸다가 다시 쌓고, 그러다가 또 멀리멀리 기찻길을 내고 고무신을 포개어 '왜액 칙칙폭폭' 하며 오고 가다 보면 어느덧 해가 떨어지는 것이었다.

그때쯤이면 소리 없이 다가오는 그림자들이 있었다. 어른들이 오셔서 아이들을 하나씩 데려가 버리는 것이었다.

우리들은 어른들의 손에 끌려가면서 우리가 쌓아 놓은 바닷가의 모래성을 돌아보곤 했다. 밀물에 허물어지며 어둠 속으로 사라져 가는 우리들의 모래성을.

30년 만에 다시 가본 고향의 바닷가에서는 오늘 역시도 아이들이 모래성을 쌓으며 놀고 있었다.

나의 저 꿈은 어디로 갔단 말인가. 나는 휘파람을 불었다. 어느 아이인가가 나의 노래를 따라 불렀다.

    모래성이 차례로 허물어지면
    아이들도 하나 둘 집으로 가고
    내가 만든 모래성이 사라져 가니
    산 위에는 별이 홀로 반짝거려요.

우리 읍내

나의 소년 시절. 그 잔솔밭 터널을 나는 저 남녘, 매화와 안개와 보리와 은어와 동백이 어김없이 사계(四季) 따라 찾아오는 작은 읍내 광양에서 보냈다.

읍사무소도, 공회당도, 향교의 담처럼 흙 속에 짚을 다문다문 넣어 만든 흙벽돌로 둘러싸인 곳. 서삭교로 불리던 서초등학교에는 아름드리 느티나무와 모과나무가 운동장을 빙 둘러 서 있었고, 동삭교로 불리던 동초등학교 앞에는 광풍림으로 오래전에 조성된 팽나무 숲이 짙었다.

나는 동삭교에 다녔다. 지금도 생생하게 기억하고 있는 것은 열매를 떨구려고 팽나무에 고무신을 벗어 던졌다가 신발이 높은 나뭇가지 위에 걸려 버려서 애를 태운 일이었다.

광양은 영명한 인재가 많이 난다는 고장인 데 반해 정신이 조금씩 어떻게 된 사람도, 어리숙한 사람도 많았었다.

비행기를 낚겠다고 간짓대를 들고 서산마루를 오르내리던 영달이며, 날이 궂을 때면 차부에서고 판장에서고 육자배기를 청승맞게 불러 어른들의 혀를 차게 만들던 연순네며, 담배를 준다면 무슨 일이고, 심지어 아랫도리까지도 홀랑 내리고서 만세를 부르던 도열이며.

앉은뱅이 여씨는 자동차의 헌 타이어로 방석을 하고서 장을 돌아다니었다. 상여가 나가는 길에도 그 앞에 벌렁 누워서 돈을 얻어 내곤 했으나 그렇게 적선받은 돈을 번번이 노름판에서 날려 버리는 여씨였다.

신익이 형은 소아마비를 앓아서 옆으로 다리를 절며 걸어다녔다. 그런데 공회당에 영화가 들어오면 틀어 대는 스피커의 유행가를 모조리 배워서 거리에 다닐 때면 큰 소리로 몇 곡이고 이어서 부르곤 했다. 한 가지, 어린 우리들한테 괴로운 일은 신익이 형한테 붙들리면 그 따가운 턱수염으로 볼을 마구 문지르는 통에 울지 않곤 빠져나오지를 못한다는 것이었다.

여름이면 콩밭에 이슬이 무던히도 내리고 가을이면 새로 인 노오란 초가지붕마다에 새하얀 서리가 잦던 우리 읍내.

11월, 보리 파종을 할 때면 먼 백운산 상봉에 어느새 눈이 하얗게 덮여 있곤 했는데 30리 밖 그 눈을 보면서 우리는 지레 손바닥에 호호 입김을 불곤 했다.

칠성리에는 대장간이 있었고 인동리에는 유기점이, 그리고 목성리에는 제재소가 있었고 도청 가는 냇가에는 물레방앗간이 있었다. 한가한 대낮에 대장간에서 들려오던 망치 소리, 유기점에서 들려오던 풀무 소리, 제재소에서 들려오던 톱 소리가 도리어 아기를 재워 주던 읍내.

광양의 팔경(八景) 가운데 최소한 나는 네 가지는 보고 자랐다. 곧 백운산 허리에 흰 구름 걸치어 있는 경치. 범선들이 한가로이 하포(下浦)로 돌아오는 경치. 소금 굽는 가마에서 연기 올라가는 경치. 섬진강가의 대나무 숲에 비 내리던 경치를.

그러나 지금은 백운산에 흰 구름 걸치어 있는 풍경 말고는 모두가 사라져 버렸다. 지난봄 읍내의 양로당에 들렀을 때 영산홍은 여전히 그 한가로운 표정으로 피어나고 있었으나 노인들의 회한은 주름살의 골만큼이나 깊어 보였다.

춘삼월이면 동네 논마다에 질펀하게 피어나던 자운영 꽃. 맑은 도치 바위 내에 떼지어 다니던 은어들. 집집의 남새밭에 피어나던 상추 꽃이며 쑥갓 꽃들. 병고등의 호밀 밭 언덕에까지 내려와서 귀를 쫑긋거리던 산토끼들. 한가위면 먼 데 새터나 들멀 마을에서 들려오던 아득한 징 소리는 이제 그분들의 꿈속으로나 찾아가는가.

지금은 어리숙한 사람을 하나도 만나기 어렵고 모두가 정갈하고 바쁜 사람들뿐이어서 나한테 외로움을 느끼게 하는 아아, 우리 읍내 광양이었다.

물을 생각한다

 숲이 여름의 겉옷이라면 물은 여름의 속살이다. 무성한 푸른 숲 속에서 새하얗게 흘러가는 계곡 물을 떠올려 보라. 그 맑음과 그 여림을 어느 미인의 살갗에 견줄 수 있단 말인가.
 물은 또 우리에게 자신의 흐름으로 생명의 본질을 잘 설파하고 있다. '상태가 아니라 변화이고 양이 아니라 질이며 유동적이고, 물질과 운동의 단순한 재분배가 아니라 부단한 창조' 라는 철학자 앙리 베르그송의 생명의 정의에 물 말고 대입할 것이 어디 있는가.
 몇 해 전 여름에 나는 수덕사 가는 길목에 있는 가루실로 우리 시대의 한 야인을 만나러 갔었다. 그분은 뒷산 개울가로 나를 데리고 가서 물을 가리키면서 말씀하셨다.
 "내 스승은 저기 저 물이오. 물은 갇히면 썩는다오. 알겠소? 그러나 살아서는 바다로 향하는 자기의 길을 결코 변경하지 않소. 평생 쉬지 않을뿐더러 앞을 다투지도 않고 순서를 지키면서 흘러가오. 빈

곳을 채우지 않고 앞으로 나아가지 않을 뿐 아니라 앞에 장애가 나타나면 자기 수위를 높여서 장애를 돌파하지 절대 부정한 수단을 쓰지 않는 것이 또한 저 물이오."

물이 낭떠러지를 때리듯 그분의 말씀이 나를 때렸다. 나는 아카시아 잎을 따서 물 위에 뿌렸다.

그분은 한동안 침묵했다. 물소리가 저 혼자 돌돌돌돌거렸다. 마치 그분의 가슴속에 숨어 있는 언어를 낭독하는 것처럼.

나는 그분을 따라, 산개울을 따라 한참을 걸었다. 물속에 비쳐 드는 하늘이 점점 넓어졌다. 아랫골이 가까워지는 산급이에서였다. 그분이 손을 들었다.

"저기 저 물 위에 떠오는 나뭇잎을 보시오. 가까이 오는구려…… 우리 앞을 지나는구려…… 멀어져 가는구려…… 이제는 보이지 않는구려. 우리의 인생도 마찬가지요. 찰나에 불과해요. 부끄럼 없이 열심히 살아야 해요."

이젠 그분도 보이지 않게 되었다는 부음을 들었다.

생전에 불의와 절대 타협하지 않던 분. 겨울에는 한복 두루마기, 봄·여름·가을에는 국민복을 입었으며 집에서는 몸소 밭 갈고 거름 내던 검소하고 질박한 분. 봉직하고 있던 학교에서 정년퇴직한 후에는 사재를 털어서 농민 학원을 경영하기도 한 분.

그분과 함께한 가루실의 여름밤 하늘은 푸른 별들로 가득했다. 뒤

곁으로는 물 흘러가는 소리가 들렸으며 간혹 뜸부기 울음소리도 들려왔다. 그 밤에 팔순 노(老)선생이 장지문 쪽에다 화선지를 펴고 물소리를 주워 담듯이 찰랑찰랑 써 준 붓글씨가 내게 있다.

滿招損謙受益時及天道
차면 손해를 부르고 겸손하면 이익이 된다. 이것이 하늘의 이치다.

금년 여름에도 나는 한적한 물가로 가겠다. 흘러가는 물에 발을 담그고 앉아서 물새 소리를 듣겠다. 저녁놀을 보겠으며 말하지 못하는 고기들의 언어를 묵상해 보겠다.
떠나가는 저들이 이 기슭을 출렁이게 하는 것을, 그리고 손바닥으로 떠 보는 물이 이제나저제나 같은 물이나 순간마다 새로운 것이라는 것을.
그 비밀의 괘를 가만히 비집고 들여다보고 싶다.

아름다운 사람들

며칠 전 일이다.

인감 증명서를 쓸 일이 생겨서 집사람한테 부탁을 했다. 그랬더니 동사무소에 다녀온 아내가 이렇게 말했다.

"동사무소에서 당신 나무 도장을 본 사람은 다 웃습디다. 명색이 인감인데 아직 이런 것도 있다구요."

"무슨 소리를 하는 거요? 꼭 수정이나 뿔로 해야 한다는 인감도장 법이라도 있답디까?"

나는 새삼스럽게 내 이름 석 자가 단정히 새겨진 나무 도장을 들여다보았다.

새끼손가락만 하게 작은 것. 그리고 세월의 때가 절어 검어진 것. 테까지 듬성듬성 시골집의 흙담처럼 무너진 것.

동사무소 사람들이 보고 웃을 만하다. 하지만 내게 있어선 참 귀한 정이 배어 있는 도장이다.

초등학교를 졸업하고 나서이다. 나는 그때 집안 형편이 여의치 못해 중학교 진학을 포기하고 1년 동안 신문 배달을 했었다.

그 신문 배달로 해서 나는 마음과 몸이 함께 가난한 분들을 만날 수 있었다. 그중에서도 우체부 정씨와 도장방 외다리 아저씨는 나의 잊을 수 없는 이웃이었다.

우체부 정씨는 나의 고향 읍내에서는 꽤나 알려진 분이었다. 우체부 생활을 그 한 곳에서 20여 년이나 하신 분. 그러다 보니 집집마다의 가정사까지도 훤히 꿰고 있어서 장날 같은 날은 우편물의 절반 정도를 장에서 배달하는 분이기도 했다.

어느 집의 누구가 '합격하였다'라는 전보가 오는 때면 자전거를 타고 달리면서 "합격이오, 김샌! 당신 아들이 합격했다오!" 하고 앞 골목에서부터 외치기도 하며.

우체부 정씨는 또 내가 사나운 개가 있는 집 앞에서 머뭇거리고 있을 때 신문을 대신 배달해 주면서 이런 지혜를 들려주기도 했다.

"무서워하면 더욱 깔보는 것이 개놈의 습성이다. 아무렇지도 않은 듯 여유 있게 대하거라. 그러면 더러 기가 죽는다."

그러나 도장방의 외다리 아저씨는 우리 고향에 별로 알려져 있지 않았다. 그 아저씨가 어떤 일로 한쪽 다리를 잃었는지 아저씨는 물론 아무도 내게 말해 주지 않았다.

다만 걸인들한테 오순도순 말을 시키고 그들과 함께 웃던 해맑은 모습이나 대서소 한쪽 귀퉁이에서 도장을 새기면서 불던 휘파람 소리가 그지없이 슬프던 것을 기억한다.

외다리 아저씨는 또 신문 대금을 주지 않고 이사 가버린 구독자나 비 오는 날 젖은 신문 때문에 우울해하는 나를 위로해 주곤 했다.

"빙그레 웃으며 훈훈한 마음으로 사는 거야."

이 말이 도산(島山) 안창호 선생의 말인 것을 안 것은 훨씬 뒤의 일이지만 아저씨는 간혹 나를 서점으로 데리고 가서 시를 읽어 주시기도 하였다.

윤동주의 〈서시〉며 이육사의 〈광야〉, 그리고 아폴리네르의 〈미라보 다리〉도 이 아저씨로부터 알게 되었다.

로버트 프로스트의 〈걸어 보지 못한 길〉은 아예 외우게 되었다.

도장방 외다리 아저씨가 이 시를 내 가슴에 심은 이유를 이제야 알 것 같아서 부끄럽다.

단풍 든 숲 속에 두 갈래 길이 있더군요.
몸이 하나니 두 길을 다 가볼 수는 없어
나는 서운한 마음으로 한참 서서
전나무 숲 속으로 접어든 한쪽 길을
끝 간 데까지 바라보았습니다.
그러다가 하나의 길을 택했습니다.

먼저 길과 똑같이 아름답고 아마 더 나은 듯도 했지요.
풀이 더 무성하고 사람을 부르는 듯했으니까요.
사람이 밟은 흔적은 먼저 길과 비슷하기는 했지만.

서리 내린 낙엽 위에는 아무 발자국도 없고
두 길은 그날 아침
똑같이 놓여 있었습니다.
아, 다른 길은 다른 날 걸어 보리라! 생각했지요.
인생길이 어떤지 알고 있으니 다시 오기 어려우리라 여기면서도.

오랜 세월이 흐른 다음
나는 한숨지으며 이야기하겠지요.
두 갈래 길이 숲 속에 나 있었다. 그래서 나는 ―
나는 사람이 덜 밟은 길을 택했고,
그건 아주 중대한 일이었다고.

 내가 중학교에 진학을 하게 되었을 때 우체부 정씨와 함께 기뻐하며 격려해 주신 분이 이 도장방 외다리 아저씨이다.
 "네 입학 원서에 찍을 네 도장을 선물하지. 이 도장은 재수가 있어서 이걸 쓰는 일은 모두가 잘될 테니 두고 보렴."

그때의 그 나무 도장이 지금 나의 인감도장인 것이다.

중·고·대학교 원서에, 그리고 어쩌다 쓰는 이력서에까지 이 도장을 찍고 있지만 그렇게 큰 실패를 겪지 않은 것은 그 외다리 아저씨가 말한 대로 '재수 좋은 도장' 덕분인지도 모른다.

어디 그뿐이랴. 혼인 신고 할 때도, 아이들 출생 신고 할 때도, 집을 샀을 때도 이 도장이 사용되었으며 내 작품집 인지에도 꼬박꼬박 찍혀 있으니 이 나무 도장보다 귀중한 내 모습이 어디에 있을 것인가.

크고, 값이 비싼 것이 대접을 받는 세상이다. 내용이야 어떻든 겉포장지에서 고급 선입감을 강조하는 세상이기도 하다.

그러나 진정한 생명이란 양이 아니라 질이며, 겉이 아니라 내용이다. 상대에게서 변화하는 것, 곧 사랑이 생명 판정의 절대 가치이다.

작고 보잘것없는 것이지만 '사랑의 사연'으로 하여 이 나무 도장은 오늘도 숨을 쉬고 있다. 그렇기 때문에 나한테는 살아 있는 것이 되며, 생명 있는 것이기 때문에 아름답다.

죽어 있는 큰 나무보다도 살아 있는 작은 풀 한 포기가 아름답지 않은가.

할머니

　마음이 허해질 때면 나는 문득 고향을 찾아가고 싶어진다. 고향의 붉은 빛깔이 드러나는 흙과 정이 깊게 깔린 사투리도 물론 그립다. 그러나 그보다도 나는 고향에 있는 할머니의 묘 앞에 그저 몇 분 동안만이라도 주저앉고 싶다.
　간혹 고요를 헤치고 날아서 풀숲 어디엔가 숨는 여치나 방아깨비들. 그들처럼 나도 풀 위에 누우면 재 너머서 들려오는 뻐꾸기 울음소리에 서울의 블록 담들이 데워 놓은 내 이마의 미열은 조용히 가라앉을 것이다.
　무엇보다도 나의 할머니 산소가 높거나 낮지도 않은 '넝쿨등'의 우리 밭 가운데 있는 것이 좋다. 당신이 생전에 고구마 순을 놓기 위하여, 콩을 심기 위하여, 그리고 오뉴월 뙤약볕을 한 장 수건으로 가리고서 김을 매셨던 이 밭 한가운데 허릿심을 푸셨을 때 할머니의 영혼은 비로소 고향의 푸른 하늘 안쪽으로 민들레 꽃씨처럼 둥둥 떠가지 않았을까.

적어도 우리 할머니는 삐비 꽃이 피고, 들 찔레꽃도 피고, 그리고 밤이나 낮이나 풀벌레들 울음소리가 낭랑한 밭언덕에서 조용히 바래어지셔야 한(恨)이 없을 분이었다.

할머니는 열여섯 살 신부로 스물세 살 신랑을 아무것도 모른 채 만났다고 했다. 활동성 넘치고 붙임성 좋은 남자와 눈물 많고 부끄러움 잘 타는 여자가 함께 살아간 한세상.

그러나 할머니한테도 질투는 참기 어려웠던 모양이었다. 할아버지가 바람이 나서 한 달이고 두 달이고 집에 발걸음을 않자 어느 날 몰래 그 집에를 찾아갔더란다. 그러고는 무당한테서 들은 대로 나란히 놓인 두 켤레의 고무신 가운데서 그 여자의 고무신을 들고 나와서는 작두로 두 동강을 내어 버렸다는 분풀이.

남의 것을 훔쳐 내온 적도 그때 딱 한 번뿐이었고, 내가 살기 위하여 남을 액풀이한 것도 그때 한 번뿐이었고, 그처럼 또 속이 후련했던 적도 그때 한 번뿐이었노라고 할머니는 때때로 회고하시곤 했다. 남들은 자식을 키우고 가르쳐서 혼인시킬 때까지가 어렵고 그 이후는 보통 안정기로 접어든다고 한다. 그러나 우리 할머니의 업보는 정작 그때부터 시작되었으니 팔자치고는 참 기구하다고 아니할 수가 없다.

기울어져 가는 가세와 함께 갑자기 죽어 버린 며느리, 그것도 자식이나 남기지 않았다면 별문제가 안 될 텐데 열 달 정도의 계집아이와 그 위의 세 살배기 사내아이를 두고 갔으니 그 아득한 절망의 깊이를 무슨 자로 재어 볼 수 있을 것인가.

거기에다 어린 오누이의 아비 되는 아들은 일본 땅으로 건너가서 소식이 없고, 텅 빈 고가(古家)에는 병석에 누워 있는 남편과 어미도 아비도 없는 어린 손자뿐.

나는 언젠가 고향의 바닷가에서 갈대밭 사이 뻘 길을 기어다니는 늙은 게 한 마리를 본 적이 있다. 어둠과 밀물이 저만큼서 다가오고 있는데 집을 찾지 못하고 갈대밭 사이 뻘 길을 방황하는 게. 우리 남매를 키울 때의 우리 할머니의 초조와 외로움이 그러했으리라.

엄마가 얼굴을 익혀 주지 않고 돌아가셨어도 할머니가 오래까지 사셨다는 사실은 나의 첫째가는 복이었다. 그 때문에 할머니는 내내 바람따지의 늙은 소나무처럼 부대끼고 부대끼면서 서러운 한세상을 살게 되고 마셨지만.

우리 할머니가 마음 놓고 잡수실 수 있는 음식은 무엇이었을까. 나는 때때로 그것을 생각해 보면서 회한에 젖곤 한다. 할머니는 우리 앞에선 무쪽 하나도 함부로 입에 넣고 우물거리지 못했으니까.

어느 잔치에라도 초대받아서 가신 날이면 할머니는 꼭꼭 작은 수건으로 싼 것을 들고 오시곤 했다. 당신은 국물에 술 한 잔 마시는 것으로 만족하고 상 위에 놓여 있는 떡이나 부침 등속은 싸오셔서 손자들에게 나누어 주시는 정.

　고향에서는 그 연약한 혼자 몸으로 농사를 지었고 이웃 읍내로 이사 가서는 한동안 풀빵을 구워서 팔았고, 국수 장사를 하기도 했다. 물론 이 모든 것은 어린 손자의 학교 뒷바라지 때문이었다. 소설책을 보느라고 밤늦게 있어도 공부 열심히 한다고 생고구마라도 깎아 내오지 못하면 아파하시던 할머니의 그 가슴.

　미원이 처음 나왔을 때 그것이 무슨 비약인 양 찬장 속 깊은 곳에 감춰 두고서 끼니가 오면 손자의 국그릇에나 조금씩, 조금씩 쳐주시던 그 안타까운 마음.

　언젠가 우연한 자리에서 어떤 재벌의 재산이 화제가 된 적이 있다. 그날은 특히 그 사람이 가지고 있는 골동품에 대한 이야기가 오고 갔었는데 그 자리에서 문득 불문학자 한 분이 이런 말을 했다.

　"그 사람은 어떻게 죽지요? 그 아까운 것들을 가지고 가지 못하고 죽을 때는 얼마나 억울할까요?"

　그런 면에서 본다면 우리 할머니처럼 다 주기만 하고 살다 간 사람은 차라리 속이 편했을 것이다. 주다가 주다가 나중에는 손자가 걸린 염병까지도 대신 앓고 싶어 했을 정도였으니.

　할머니는 내가 군에서 제대해 돌아오자마자 이 세상을 떠나셨다. 아니, 그보다 훨씬 전에 할머니의 육신은 이미 무너졌던 모양이었다. 그날까지는 다만 의식만이 살아서 움직이고 있었을 뿐이었다. 손자의 얼굴을 보고 죽겠다는 그 가냘픈 의식만이.

그렇게 간단히 숨 한번 거두어 버리면 말 것을 손자의 얼굴이 무엇이라고 그 큰 고통을 며칠이나 더 참고 기다리셨을까.

임종하기 하루 전날. 나는 처음으로 할머니께 소원을 말해 보았다.

"할머니, 내가 은혜를 갚을 수 있게 조금만 더 살아요."

그러나 할머니는 가만가만히 고개를 저었다. 한참 후에 간신히 눈을 뜨고 할머니는 말했다.

"니 하나 앞길 닦았으면 됐지. 은혜는 무슨……"

사람이 어느 누구 하나에게 밑거름이 되는 삶보다 더 귀한 것이 있을까. 나는 나의 어린것들이 나보다는 저희 증조모를 더 많이 닮기를 바란다. 부끄러워할 줄 알며, 끝없이 주면서도 아깝게 느끼지 않는 그런 마음가짐으로 살기를. 한 그루의 잘 다듬어진 정원수가 아닌 비바람 속의 방풍림으로 살아 주기를.

아니, 거기에는 미치지 못한다 하더라도 최소한 봉사하며 살 수 있는 직업을 가져 주길 바란다. 교사가 되든, 교통순경이 되든.

그리하여 나는 어린것들이 어둠과 밀물이 밀려오는 갈대밭 사이에서 집을 찾지 못하고 기어다니는 한 마리 게의 초조와 외로움을 이해하고 동정하게 된다면.

아아, 그렇게 된다면 삐비 꽃과 들국화가 새하얗게 핀 밭언덕 거기에 계시는 할머니의 혼이 우리와 늘 함께 있어 줄 것이 아닌가.

리태

5월에 생일이 들어 있는 딸아이가 있다. 올해 초등학교 3학년인데 이름은 리태라고 부른다. 족보에는 리호(利鎬)로 올라 있으며 세례명은 로사Rosa이다.

리태의 별명은 '방안둥이'이다. 기분이 좋을 때는 식구들 앞에서 "아, 아, 아르바이트. 무슨 일이든지 시켜 주세요. 짜잔!" 하고 엉덩이춤을 추기도 하지만 밖에 나가면 시치미를 뚝 떼곤 한다. 얼굴 생김도 그렇지만 부끄러움이 많은 것은 제 증조모님의 내림인 모양이다.

리태는 지금도 인형들하고 놀기를 좋아한다. 혼자서 두 사람 몫의 대화를 하면서 소꿉놀이를 곧잘 한다. 언젠가는 제 엄마 아빠를 흉내 내는 소리를 듣고 실소를 쏟은 적이 있다.

"머리 아파! 제발 잠 좀 자자! 잠 좀 자자니까! 빈다, 빌어!"

"지겨워! 지겨워! 맨날맨날 술만 먹고! 맨날맨날 머리 아프고! 맨날맨날 돈 한 푼 없고!"

수원에서 살 때의 일이다. 겨울밤에 갑자기 기온이 떨어진다기에 걱정이 되어서 아이들의 방문을 열어 보았다. 그랬더니 리태는 제 담요로 인형들을 전부 덮어 주고 저는 오빠의 이불 속에 발목만 집어넣고서 쪼그린 채 자고 있었다.

리태가 유년 시절에 여러 어른들을 놀라게 한 표현이 있다. 순천 송광사에 갔을 때였다. 불일암에 묵고 계시는 법정(法頂) 스님을 만나려고 아래 큰절에서 5리쯤 되는 산길을 걸었다.

어린아이로서는 가파르고 꽤나 먼 길이었으나 리태는 종종종 잘도 따라왔다. 도망가지 않고 빠끔히 내다보는 다람쥐를 보고 좋아라 손뼉을 쳤고, 장끼가 날자 저도 덩달아서 풀쩍 뛰곤 했다.

불일암에 도착하자 스님이 업혀서 오지 않았다고 대견하다며 리태의 머리를 쓰다듬어 주었다. 그런데 리태가 갑자기 입을 벌려 바람을 한 모금 들이켜더니 이렇게 말하는 것이었다.

"아빠, 바람이 달아!"

리태의 이 한마디는 후일 법정 스님이 한동안 쓰셨던 어떤 신문 칼럼의 제목이 되기도 했다.

리태가 유치원에 다닐 때의 일이다. 새벽녘에 예비군 비상 훈련을 나가서 정오쯤 파했었다. 집으로 돌아오는데 연초록 유치원복을 입은 리태가 개울을 건너오고 있었다.

나는 오랜만에 딸아이의 손목을 잡고 들길을 걸었다. 5월의 논두렁에는 냉이며 딘들레며, 제비꽃들이 수도 없이 피어 있었다.

리태가 유치원 선생님으로부터 하느님 이야기를 들었다며 불쑥 물었다.

"아빠, 하느님은 어디에 계셔?"

나는 그때 풀꽃들에 몰두해 있었으므로 이렇게 무심히 대답했다.

"하느님은 이 작은 풀꽃 하나하나에도 계시단다."

그러자 느닷없이 리태가 이런 말을 했다.

"아빠, 그럼 하느님도 이 냉이 꽃처럼 작고 이쁘시겠네."

리태의 이 한마디는 곡괭이가 되어 굳고 견고한 하느님에 대한 내 고정관념의 벽을 쿵 소리가 나게 허물었다.

이제 리태 나이 아홉 살. 얼마 전 찌찌(유두)가 가렵다고 짜증을 내고부턴 자면서 소리 내어 웃는 일이 줄어드는 듯하다. 천진이 사라져 가고 있기 때문일까. 언니들이 고무줄 놀이에 끼워 주지를 않자 고무줄 없는 데서도 언니들을 따라서 발맞춤을 잘도 하던 아이가 이제는 제 엄마 목걸이를 탐내고 새 옷을 시기한다.

언젠가 한번 장미꽃 무늬가 있는 팬티를 사 입혔더니 학교에 가서 제 동무들을 하나씩 둘씩 화장실로 데리고 가서 제 팬티 구경을 시켰다는 리태.

리태한테도 별수 없이 여자의 티가 나타나는 것 같아 풍족하지 못한 아빠로서 여간 어깨가 무겁지 않다.

잊을 수 없는 '고문관'

서열이는 논산 훈련소에서 함께 훈련을 받을 때 '고문관'으로 통했다.

느릿느릿 팔자걸음을 걷던 서열이, 조교들한테 눈알이 돈다고 그렇게 혼이 나고서도 씨익 암소처럼 웃던 서열이, 그 서열이 하나로 해서 우리 소대원들은 얼마나 많은 단체 기합을 받았던가.

오죽했으면 훈련이 끝날 즈음, 우리 소대원들 간에 제일 듣기 싫어했던 욕이 "서열이하고 같은 부대에 배치받을 놈"이었으니까.

지금도 전방 부대로 배속받는 분들은 느끼시겠지만 트럭 위에 앉아 가면서 보는 산은 왜 그렇게도 악산(惡山)으로 보이던지. 게다가 그날은 진눈깨비까지 날리고 있었다.

트럭의 맨 바깥쪽에 앉아서 한기와 갈증에 덜덜 떨고 있는 나를 보고 안쪽에 앉아 있던 서열이가 자기와 바꿔 앉자고 했다.

오줌이 마렵다고 했는데 자리를 바꿔 앉고서도 그는 앞 단추를 끄

르거나 어쩌거나 할 기미를 보이지 않았다. 나는 갑자기 가슴 저 안쪽이 더워지는 것을 느꼈다.

그다음 날부터 나와 서열이와의 잠자리는 나란해졌다. 한 매트리스 위에 담요를 같이 펴고 아침이면 담요 양쪽 귀를 서로 나눠 잡고 개키면서, 사단 보충대에서 연대 대기병 속으로 흘러들어 갔다.

대기병 생활을 하는 동안 나는 사역으로 뽑혀 갈까 봐 PX 막사나 군종과 근처를 어슬렁거렸는데 서열이는 자진해서 취사 사역을 나다니곤 했다. 놀면 더 춥고 더 배고프다는 것이었다.

서열이가 취사장에서 일을 마치고 돌아올 때면 담요 속에서 몰래 내 손에 건네주는 게 있었는데 그것은 누룽지였다.

그 후, 서열이와 나는 대대와 중대에까지도 함께 가는 운 좋은 사이가 되었다.

땅굴이 맨 먼저 발견되었다는 고랑포, 거기에서 우리의 졸병 생활은 시작되었다.

봄에는 산골 안개가 짙고, 여름에는 소나기가 자주 지나가고, 가을이 짧고 겨울이 긴 그 철책가의 어느 날 밤이었다.

이쪽저쪽의 총소리가 콩 튀듯 일어나고 조명탄의 불빛이 꽃술처럼 퍼져 나갔다. 잠복 나간 우리 수색조와 침투해 들어온 저들 사이의 총격전이었다.

중대 본부에서 전화통을 붙들고 있던 나는 은근히 걱정되는 게 있었다. 잠복 나가 있는 수색조에 서열이도 끼여 있었던 것이다.
 그런데 상황이 끝나고 철수하는 대원들 가운데 서열이의 얼굴이 보이지 않았다. 인솔한 소대장의 말로는 철수할 때까지도 틀림없이 서열이가 있었다고 했다. 그러나 서열이는 먼동이 틀 때까지도 나타나지 않았다.
 연대장, 대대장, 중대장 할 것 없이 안절부절못하고 있던 차에 땀에, 흙에 흠뻑 젖은 서열이의 얼굴이 철책가에 나타났다.
 화가 머리끝까지 솟은 중대장이 서열이를 불러서 다그쳤다. 머뭇거리던 그가 차려 자세로 더듬더듬 말한 내용은 다음과 같았다.
 철수할 때 얼마만큼 걸어오다 보니 깜박 잊고 온 기관총의 받침대가 생각나더라는 것이다. 그건 논 세 마지기의 값이라고 평소에 귀에 못이 박히도록 일러 주던 사수의 말이 떠올라서 그냥 올 수가 없었다고 했다.
 그래서 혼자 몰래 남아서 날이 밝기를 기다렸다가 기관총의 받침대를 찾아오는 길이라는 서열이.
 그는 그다음 날 당장 열흘 포상 휴가를 받았다.
 넓적한 얼굴에 코가 풀썩 꺼진 서열이는 휴가를 떠나면서까지도 나한테 우둔한(?) 말을 남겼다.
 "열흘 휴가 기간을 너하고 반씩 나눠서 간다면 더 좋겠는디……."

눈물 한 방울을 찾아

언제부터 나한테 '아버지' 생각이 심어졌을까? 그 문제를 생각하면 나는 아득해진다.

아마도 초등학교에 들어가서 '아버지, 어머니'라는 단어를 익히게 될 적부터 그러지 않았을까 하고 막연히 생각할 따름이다. 그렇지만 물안개가 낀 호수 저편의 풍경처럼 아물거리는 유년 시절의 삽화가 두어 컷 있기는 하다.

하나는 정강이에 털이 하도 많아서 내가 얼레빗으로 빗었던 기억이고, 또 하나는 캄캄한 솔숲 길을 업혀 가던 기억이다. 그러나 그런 기억은 아버지가 아니고 할아버지나 삼촌에 대한 것일 수도 있다.

분명한 것은 내가 초등학교에 들어가서 '아버지'라는 낱말을 익히고 돌아와 보니 나한테는 아버지가 없었다는 것이었다. 나는 할아버지께 여쭈었다.

"할아버지, 우리 아버지는 어디 계세요?"

"일본에 있다."

"일본은 어디에 있는 땅이에요?"

"저기 저 수평선 너머에 있다."

"왜 일본에 갔어요?"

"돈 벌러 갔다."

그날 뒤로 나는 백지가 있으면 수평선에 기선 한 척이 떠오는 것을 자주 그렸다. 그러나 아버지는 우리 앞에 영 얼굴을 비치지 않았다.

그 대신에 어쩌다가 편지가 오곤 했는데 그때마다 할아버지는 나를 무릎 꿇려 앉히고는 아버지의 편지를 큰 소리로 읽어 주셨다. 나는 편지 첫 줄에 나오는 "채봉아!"에 늘 큰 소리로 "예!" 하고 대답하면서 속으로 '내 대답 소리 들려요?' 하고 묻는 것이 재미있어서 혼자 킬킬거리다가 할아버지한테서 호통을 듣곤 했다.

그다음에 나는 아버지한테 보낼 편지를 할아버지가 불러 주는 대로 썼는데 맨 마지막에는 한결같이 '아버지가 보고 싶으니 하루라도 빨리 고국으로 돌아와 주십시오' 하고 적었다.

그 말은 말할 것도 없이 할아버지의 속마음이고 나는 아버지가 보고 싶다는 것을 전혀 느끼지 못하는 상태였다. 만일 내가 마음속 그대로를 썼더라면 '저는 이 편지를 받는 분이 어떻게 생기셨을까 굉장히 궁금합니다' 라고 군인에게 위문편지를 쓰듯이 했을 것이다.

나는 차차 커가면서 아버지에 대해서 조금씩이나마 귀동냥으로 알게 되었다.
 그이는 딸만 내리 넷을 낳다가 본 우리 집안의 응석받이였고, 어렸을 적에 잔병이 유난히도 많았고, 큰누나의 도움으로 일본으로 건너가 학교를 다니다가 삼대독자인 할아버지의 간절한 열망에 따라 스무 살에 일본에서 불려 나와 장가를 들었다.
 그때부터 5년 동안 할아버지의 어류 도매업을 거들었고, 장사 요령이 모자라다고 할아버지로부터 단련을 받으면서 아들 하나와 딸 하나를 보셨다. 그러니까 아버지 나이 스물두 살에 낳은 아들이 곧 나였다. 내가 세 살이 되었을 때에 누이가 막 태어나자마자 어머니가 병사하셨다.
 그때를 기다렸다는 듯이 아버지는 다시 일본으로 건너가셨고, 그곳에서 일본인 아내를 맞아서 살고 있다는 것이었다.
 그래도 나한테 아버지를 '엄부'로 인식시키려고 노력하시던 할아버지는 내가 초등학교 3학년생이었을 때에 돌아가시고 말았다. 그때부터 가세가 급격히 기울었고 나는 마치 방풍림 없는 노천에 내버려진 작물처럼 되어 버렸다.
 내가 아버지에 대해 적개심을 갖게 된 것은 그때부터이다. 아버지에 대해 남들이 물으면 나는 모른다고 대답했다.
 사정을 아는 사람들이 연락이라도 있느냐고 물으면 없다고 단호히 말하곤 했다. '낳다만 주면 자식이냐, 키워 주지도 않는데 아버지냐'

는 반항적인 인식은 내가 장가를 들어 아이를 얻을 때까지 계속되었다.

아니, 그 무렵에 아버지의 부음을 듣게 되었으므로 살아생전의 아버지와 나 사이에는 그런 관념의 강이 도도히 흐르고 있었다고 하는 표현이 더 정확하다.

중학교 2학년 때였다. 나는 동무를 따라서 그 아버지의 묘소에 들르게 되었다. 잘 가꾸어진 그 무덤은 그때까지 어머니 무덤에 무심했던 나에게 일깨움을 주었다.

'그래, 나한테도 어머니의 산소가 있지 않은가. 우리 어머니 무덤의 풀은 누가 베고 있는가.'

나는 친구네 집에서 낫을 빌려 갈아 들고 30리 밖에 있는 어머니의 무덤을 찾아 나섰다. 아이들이 소를 매놓고 놀고 있는 산자락에 이른 나는 황량한 바람을 느꼈다.

온통 벌겋게 무너져 버린 묘 봉우리와 얽혀 있는 찔레 덩굴을 보았다. 나는 찔레 덩굴을 치면서, 붉은 흙을 만지면서 '아버지 당신 두고 보자'고 되뇌었다.

이제 생각하면 어머니 무덤이 그렇게 된 것은 아버지 탓만이 아니었는데도 그 무렵의 나는 우리 집안이 안 된 탓을 모두 아버지한테로 돌리고 있었다.

나는 그날 어머니의 무덤 앞에서 눈물을 뿌리며 언젠가는 꼭 아버지를 여기로 모시고 와서 무릎을 꿇리고 사죄케 하겠다고 다짐했다.

 그러다가 나는 우연히 할머니의 반짇고리 속에서 사진 한 장을 보게 되었다. 잘 차려입은, 너무도 부족한 것이 없어 보이는 한 가족 사진이었다.

 아마도 유원지에라도 간 듯했다. 아이들 둘도 웃고 있었고, 아이들의 아버지와 어머니도 웃고 있었다. 옷차림도 남부러울 게 없었고, 마냥 즐거워만 보이는 가족이었다. 그때 가슴에 일던 격랑을 나는 지금도 기억하고 있다.

 그 뒤로 나는 아버지한테 보내던 '학비 타령'의 편지를 끊었다. 나는 야생이고 사진 속의 두 아이들은 울안에서 고이 자라는 자식이라는 생각 때문이었다.

 실제로 아버지는 내 나이 네 살 때에 일본으로 건너가서 내가 군대에 복무하던 스물두 살 때까지도 한 번도 상면하지 못했다. 철저한 '버림'이었던 셈이다.

 그해에는 장마가 길었다. 서부 전선 철책가에 있는 나에게 사단 사령부로부터 전화가 걸려 왔다는 전갈이 왔다.

 잘 들리지 않는 '228전화기'로부터 간신히 알아들은 내용은 아버지가 사단 사령부 면회실에 와서 기다리고 있다는 것이었다. 나는 하도 믿어지지 않아서 거듭거듭 되풀이해 확인했다.

 "누가요? 아버지라고요? 작은아버지가 아니고 아버지란 말입니까? 예, 내가 정채봉 맞습니다. 그쪽한테 물어보세요. 고향이 승주인 정채봉 면회를 왔냐구요? 예, 아버지가 일본에 계셔요. 그 아버지시랍니까?"

이상하게 썰물처럼 힘이 빠져나가는 것을 느꼈다. 걸상에 주저앉아 창밖을 보고 있는데도 아무것도 보이지 않았다.

동료들이 나서서 외출증을 끊어 오고 '카키복'을 다려 오고 했으나 나는 아버지를 면회할 자신이 서지 않았다. 아버지를 만나면 사화산이 활화산 되어 터질 것도 같았고, 또 전혀 초연하게 죽은 나무를 보듯 하게 될 것도 같았다.

나는 동료들의 만류를 뿌리치고 전투복 복장으로 총을 찾아 메고 철책 근무를 하러 나갔다. 초소에 서니 멀리 건너 북쪽의 송악산이 눈에 들어왔다.

나는 이내에 싸여서 아득해 보이는 먼 산 능선을 바라보면서 '아버지'라는 말을 혀 위에 올려 보았다. 마치 음식물 속의 돌처럼 받치기만 하는 단어를 말이다. 얼마 뒤에 나는 대대장의 호출을 받았다(그때에 나는 대대장실의 당번병이었다).

평소에 부하이기보다는 막내아우 같다며 나를 아껴 주던 대대장은 도저히 이해할 수 없다는 표정으로 물었다.

"이놈아, 아버지가 일본에서 그것도 20 몇 년 만에 아들을 보겠다고 나왔는데 만나지 않겠다니 그 이유가 뭐냐?"

"이유는 없습니다. 그냥, 만나는 것보다는 만나지 않는 것이 좋을 것 같습니다."

"그렇지 않아. 격한 감정으로 만나더라도 울고 나면 다 씻어질 거야. 아버지와 자식 간에는 피가 부르는 법이야."

"자식의 피가 불렀는데도 18년간이나 나 몰라라 하는 아버지의 피가 있었으니 문제지요. 아무튼 저는 만나고 싶지 않습니다. 정말로 대대장님께서 강권해 내보내신다면 저는 탈영해서 돌아오지 않을지도 모릅니다."

마침내 나는 인진강물이 홍수로 넘쳐 나서 나가지 못한다는 핑계를 대고 아버지를 피했다.

그런데도 그날 밤 잠을 이룰 수가 없었다. 술을 마셨는데도 취하지 않았고 이따금 숨기고 싶은 일을 들켰을 때처럼 가슴이 두근거렸다.

나는 가슴이 두근거릴 때마다 엎드려서 이마를 침상에다 콩콩 찧곤 했다. '아버지의 피가 정말 부르고 있는 것일까, 내 의지하고는 관계없이 내 피가 응답하고 있는 것일까' 하고 생각되자 더욱 고통스러웠다.

이튿날 날이 밝자 동생한테서 전화가 걸려 왔다. 내가 아버지의 면회를 거절했다는 말을 듣고 할머니가 충격을 받아 쓰러졌다는 것이었다.

나는 동생의 그 전갈이 나를 끌어내기 위한 거짓말일 수도 있다는 것을 짐작하면서도 휴가를 청원했다. 아니, 내 마음속에서 이미 그런 구실이 나타나기를 기다리고 있었는지도 모를 일이다.

나와 아버지의 상면은 생각보다도 훨씬 간략했다.

나는 할머니 옆에 앉아 있는, 어디서 많이 본 듯한, 그러나 전혀 생소한 아버지 앞에 절을 하다 말고 두 손바닥으로 얼굴을 가렸고, 아버지는 계속 "할 말이 없다"고만 할 뿐이었다.

그 뒤로 아버지는 3년에 한 번꼴로 두어 번 더 내왕하시다가 내가 장가들어 첫아이를 얻던 해에 일본에서 그 삶을 마치셨다.

작은아버지로부터 일본에서 아버지가 돌아가셨다는 연락을 받았으니 내려와서 제사상이라도 하나 차려 두고 향이라도 사르자는 전화를 받았을 때에는 차라리 담담했다.

그러나 갓난아기를 포대기에 싸서 안고 지하철 층계를 내려가는데, 자꾸만 아기가 포대기 바깥으로 빠져 버리고 없는 듯한 느낌이 들었다. 그럴 때마다 나는 포대기를 들치고 잠자는 아기를 확인하곤 하다가 어느 순간에 가슴이 울컥 받쳐 왔다.

그렇다. 아버지도 포대기 속에 싸인 나를 이렇게 들여다본 적이 있었을 것이다. 그럴 때에 아버지의 가슴에도 그런 든든함이 일었지 않았을까.

내가 기억하고 있는 캄캄한 솔밭 길은 아버지와 함께 외갓집으로 가는 길이었지 않았을까. 외갓집으로 가는 길목에는 솔띠재라고 하는 소나무 숲이 구성한 재가 있었으니.

그러나 막상 작은아버지께서 아버지의 유해를 고향 선산으로 모셔 오자고 했을 때에는 응낙하지 않았다.

"사랑하는 처도 자식도 거기에 다 있으니 아버지의 영혼은 거기에 계시길 더 바랄 것입니다."

작은아버지가 뭐라고 더 말을 하려고 했으나 나는 회사 일이 바쁘다며 자리에서 얼른 일어나 버렸다.

그렇게 어느덧 10년이 지나자 아버지의 유해 문제가 또다시 거론되었다.

이젠 나도 어느새 흔히 말하듯 이자, 곧 덤이 없는 나이가 되어 버렸다(누군가가 서른다섯까지는 이자가 있는 나이라고 했다). 전에는 이해할 수 없던 것까지도 이허하게 되었다. 허리 둘레가 이해의 넓이만큼이나 넓어진 탓일까. 나는 작은아버지의 의견에 순순히 따랐다.

나는 작은아버지한테 아버지의 유해를 모셔 오기 전에 그쪽에 있는 동생을 먼저 만나 봐야겠다고 말했다. 죽은 사람보다도 살아 있는 우리의 교류가 먼저 이루어져야 할 듯해서 그랬다.

지난해 8월에, 쿠관 페리호 편으로 아버지의 모습을 나보다도 더 많이 닮은 저쪽의 동생이 도착했다.

우리는 쑥스러운 듯이 씩 웃었고, 덤덤한 듯이 손을 잡았다. 작은아버지가 곁에서 뭐라고 말을 했으나 나는 머릿속이 갑자기 웅웅거려서 한마디도 알아듣지 못했다.

그런데 뚜벅뚜벅 걷던 녀석이 순간에 복통이라도 일어난 듯이 벽에 기대는가 싶더니 풀썩 주저앉았다. 다음 순간에 내가 그의 어깨 위에 손을 얹자마자 녀석은 "억!" 하고 울음을 토했다.

나는 흐려지는 시야 속에서 그의 머리를 끌어안았다. 나는 저쪽의 동생 머리를 끌어안고 아버지를 처음 만났을 때보다도 더 많이 울었다.

지난해 10월에는 내가 일본으로 갔다. 아버지의 유해를 모셔 오려고 그랬다. 바다가 약간 물려 있는 와카야마는 우리나라의 진주와 같은 전원도시였다.

오사카에서 떠난 차는 우리 고향 승주로 갈 때와 같이 평원을 지났고, 산악 지대를 지났다.

그리고 경사가 심한 고갯마루를 내려서자 도시가 펼쳐져 있었는데 아버지의 집은 바닷자락과 만나는 둑방 아래의 마을에 있었다.

동생의 말에 따르면 아버지는 한사코 그 마을을 떠나지 않으려 했단다.

나는 그 이유를 어슴푸레 짚을 수 있었다. 포구를 내려다보고 있는 그 마을의 위치가 우리 고향 마을의 앉음새와 흡사했던 것이다.

나는 아버지 방에서 아버지가 즐겨 베었다는 목침을 베고 누웠다. 그러자 무심결에 건너편 벽에 걸려 있는 오래된 액자가 눈에 들어왔다.

땀땀이 수를 놓은 풍경이었는데 그것은 밀레의 〈만종〉이었다. 그런데 들녘과 거기에 서 있는 농부가 우리 한국인 부부로 바뀌져 있는 것이 아닌가.

들녘 끝의 초가집 교회. 그리고 우리 식의 거름 더미, 치마저고리를 입고 수건을 쓴 부인과 핫바지 차림의 남정네. 그 곁에 지겟작대기 하나로 받쳐져 있는 바지게.

나는 벌떡 일어나서 수놓은 그림에 가까이 다가갔다. 그리고 그 그림의 맨 아래 귀퉁이에 새겨져 있는 이름을 보았다.

'정순.'

아, 그것은 우리 어머니의 이름이었다. 아버지는 어머니가 시집올 때에 가지고 온 수 그림을 액자에 끼워 당신 눈에 가장 잘 보이는 벽에 걸어 두고 살아가신 것이다.

나는 아버지의 유해를 가슴에 안고 아버지가 건너가셨던 길을 따라 돌아왔다. 오사카를 거쳐 시모노세키로 가서 거기에서 부산으로 떠나는 배에 오르면서 마음속으로 나는 조용히 아버지께 말했다.

'아버지 가십시다. 떠돌던 발걸음을 멈추시고 고향으로 걸음을 돌립시다. 지금쯤 고향에는 가을걷이가 끝나고 있습니다. 깨도 걷고, 콩도 걷고, 고구마도 캤을 것입니다.

할아버지의 할아버지, 그리고 아버지 적부터 함께해 온 바람과 흙과 흐르는 물이 있습니다. 억새도 피어서 흔들리고, 재 너머에서는 파도 소리도 들려올 것입니다.
　아버지, 이제 바지게를 받쳐 두시고 어머니와 함께 손을 모아 주십시오.
　그 그늘 속에서 저는 조용히 갈잎 피리라도 불어 드리겠습니다.'

이런 눈길

"어린이는 마음만 먹으면 곧바로 하늘로 갈 수 있다"라고 말한 타고르는 그의 〈축복〉이라는 시 앞머리를 이렇게 읊고 있다.

　이 작은 가슴이여, 복 있으라. 우리의 대지를 위하여 하늘의 입맞춤을 가진 깨끗한 영혼이여, 복 있으라.
　어린이는 햇빛을 좋아하고, 어머니의 모습을 사랑합니다.
　어린이는 아직 흙을 업신여길 줄 모릅니다. 그리고 또 황금을 동경할 줄도 모릅니다.

이러한 어린이의 시점으로 본 어린이 감각에 비해 어른들의 감각은 어떤가. 형식과 습관과 단일의 추구에 의해 거북이 등처럼 너무도 굳어 있지 않은가. 정신이 아니라 물질에, 시간이 아니라 공간에, 능동성이 아니라 수동성에, 그리고 선택의 자유가 아니라 기계적 작용에 머물고 있는 현대인들.

　우리는 어릿광대의 극을 기억한다.

　처음, 누군가가 무대 중앙에 옷걸이를 가져다 놓는다. 다음, 광대가 시시덕거리며 들어와서 저고리를 벗어 옷걸이에 걸어 놓는다. 광대가 재주를 몇 번 넘는 동안에 누군가가 그 옷걸이를 치운다. 그런데도 광대는 거기에 옷걸이가 있는 양 이번에는 바지를 벗어 걸려고 한다. 옷이 떨어진다. 그런데도 광대는 허공을 향하여 번번이 옷을 내건다. 그때마다 실패가 반복된다. 웃음을 터뜨리는 관객 쪽을 향하여 광대가 돌아서서 밀가루 방귀를 풍풍 뀐다.

　그렇다. 현대인의 기계적 작용에 머물고 있는 한 단면을 풍자한 이 광대극처럼 어른들은 항시 보는 하늘과 나무와 집과 자동차에 자신마저도 소도구화되어 버렸다. 친숙과 관습이 이렇게 사물의 진가를 깨닫는 감각을 둔화시켜 버린 것이다.

　그러나 어린이들의 눈은 어떤가. 그들의 눈에는 이 우주의 모든 것들이 경이롭다. 저건 뭐라고 하지? 어떻게 움직일 수 있지? 왜 저기에 있지? 왜? 왜? 왜?

　풀잎 하나의 몸짓으로, 이슬 한 방울의 여명으로 '우리의 대지를 위하여 하늘의 입맞춤을 가진 깨끗한 영혼. 햇빛을 좋아하고 어머니의 모습을 사랑하며, 흙을 업신여길 줄 모르며 황금을 동경할 줄 모르는' 순진무구. 그러기에 오스카 와일드는 그의 《옥중기》에서 "어린이의 몸은 신의 몸과 같다"고 고백하였던 것일까.

아름다움을 알아보는 알아봄(지식)과는 또 다른 어린이의 경탄은 그것이 돌멩이 하나이거나 휴지 한 움큼이거나 바라봄(경이로운 마음) 그 자체에 있는 것이다. 그래서 어린이에게는 하늘나라가 절로 제 집일 수 있는 셈이다.

내가 최근에 본 브라질 작가인 바스콘셀로스의 《나의 라임오렌지 나무》에필로그를 옮겨 보면 이렇다.

"그 시절 우리들의 시절엔 저는 몰랐습니다. 먼 옛날 깨끗한 마음의 어린 왕자가 눈에 눈물이 가득 고여 제단 앞에 엎드린 채 환상의 세계에 이렇게 물었다는 것을 말입니다.

'왜 아이들은 철들어야만 하나요?'

사랑하는 포르투가, 저도 너무 일찍 철이 들었다는 것은 사실입니다."

마찬가지로 우리 또한 너무, 너무도 일찍 철이 들어 버렸던 것은 아닌지? 현실은 둘론 창작품에서조차도. 그리하여 마침내 작가 스스로가 구원되어야 할 때에 이르러 있는 것은 아닌지.

오늘도 우리는 살아가고 있다. 산다는 것은 내일을 믿으며 향하고 있는 뜻이라 생각한다. 내일에 대한 기대가 없이는 오늘의 고통을 감내할 의지가 생기지 않을 것이기 때문에.

내일에 대한 기대, 이 희망은 다름 아닌 작가들에 의해 구현되고 제시되어야 할 것이므로 어느 때보다도 희망의 눈, 미래의 눈인 어린이의 시각이 필요한 시대라고 나는 제언한다.
 일찍이 폴 아드는 불후의 동화 작가인 안데르센에 대해 이렇게 평하였다.
 "어느 나라 어린이들에게도 친숙한 그의 동화는 얘기라는 작은 테두리 안에 우주의 모든 무대를 담고 있다. 보다 나은 미래를 꿈꾸는 강한 신앙이 넘쳐 있다. 이것이 안데르센의 혼과 어린이의 혼을 반짝이게 해주는 것이다. 그는 어린이들과 함께 또는 어린이들의 힘에 의해 인류의 멸망을 막고 인류를 인도하는 저 이상의 빛을 굳게 지켜 나간다."

 현재 우리에게는 철든 눈에서 깨끗한 눈으로의 환원이 절대 필요하다. 깨끗한 눈, 이 눈이 신선한 마음을 배양하고, 이 마음이 배양되어 구애받음 없는 독창성을 추구하는 동심을 이루므로.
 그리하여 마침내 동심에 의한 감동으로 "임금님은 벌거숭이!"라고 외치는 천심을 발휘할 때 우리 문학의 구원은 주어질 것이 아닌가.

과거로부터 온 기별

책이 늘면 책꽂이를 새로 들여놓던 때가 있었다. 그러나 집을 줄이면서 책꽂이를 동결하기로 했다. 하지만 책은 필요해서 사는 것도 있고, 증정되어 온 것도 있고 해서 자연 넘치게 마련이다. 이제는 책을 골라서 내놓는 일을 한다.

10여 년 전에 고향 도서관에 서가를 맞춰 준 적이 있는데 거기로 이사를 보내는 것이다.

이번 일요일에두 책을 좀 솎았다. 그런데 솎아 낸 오래된 소설책 속에서 편지 한 통이 발견되었다. 겉봉을 보았더니 군 주소와 '상병 정채봉 앞'이라고 되어 있고, 보내는 사람 주소는 없이 '할머니 최대아'라고 붓글씨로 단정히 씌어 있었다. 퇴색한 속 편지를 꺼낸 나는 아, 하고 아득한 그 시절을 떠올렸다.

우리 할머니께서는 낫 놓고 기역자도 모르시는 그야말로 문맹이셨다. 그런데 철부지 손자가 군에를, 그것도 최전방의 철책가에 근무한

다니 걱정이 이만저만이 아니셨던 것 같았다.

글을 알면 속 시원히 그야말로 하고 싶은 이야기를 '만리장서'로 쓰셨을 터인데, 원수 놈의 까막눈이어서(늘 그런 푸념을 하셨었다) 대서소를 찾아간 것이리라. 그리하여 대서사가 우리 할머니가 불러 준 대로 써서 보내 준 사연에 이런 대목이 있었다.

"……매를 맞을 때는 엄살도 좀 부려야 하느니라. 이 할미가 너를 때려 보아서 아는데 너는 아파도 이를 앙물고서 좀체로 신음 소리조차 내지 않는 것이어서 번번이 매를 더 벌어 맞았던 것이니라. 몸이 아프면 앓는 소리를 내야 병마가 불쌍해서라도 물러가는 것인데 끙끙 참으면 얼마나 버티는가 보려고 더 심하게 몸살을 시키는 것이니라. 그러니 윗사람이 매를 들면 일부러라도 무서워하고, 맞으면 엄살을 부려야 하느니라. 그렇다고 남의 눈에 개새끼로 보여서는 안 되느니라……. 바람이 불어도 기품을 잃지 않는 대나무처럼 보여야 하느니라……."

3
꽃과 연기

꽃과 연기

지금의 도회 생활이 혼탁하기 때문일까. 문득문득 유년 시절의 맑은 것들이 떠오를 때가 잦다.

앙상한 나뭇가지 위에 걸려 있는 까치집. 어느 아이가 놓친 것인지 전선에 감겨 있는 연. 베어 내고 남은 벼 포기 위에 낮아 있는 잔설. 고향 바닷가에 순은 띠처럼 밀려와 있던 성에. 거기에 영락처럼 동백 꽃잎이 빠알갛게 얹혀 있던 때도 있었지.

그중에서도 정이월이면 저녁 연기 속에서 벙글던 매화가 생각난다.

할머니께선 손님이 있는 날이면 건넌방 부엌에 청솔로 군불을 땠다. 바람 한 점 없는 날, 흙담으로 된 낮은 굴뚝에서 나온 연기는 때로는 물길처럼 골 낮은 데로 번져 내려서 뒤안을 돌고 장독대를 돌기도 했었다. 그럴 때면 나는 청솔 연기에 취하여 놀았다. 연기를 두 손으로 헤집으며, 발로 차며, 기침을 하며.

그러다가 지치면 뒤꼍에 있는 매화나무 등걸 위로 올라가서 쉬곤 했었는데, 그때 저녁 연기 속에서 조용한 슬픔처럼 하얗게 벙글던 매화 꽃송이가 지금 눈앞에 보이는 듯하다.

그런가 하면 3, 4월 긴긴 낮, 들녘에 움직이는 것이라곤 하나 없는데 막연한 그리움처럼 재 너머의 기적 소리가 들려서 돌아보면 한 줄기 피어오르고 있는 연기.

어쩌면 농부가 검불을 모아서 논두렁에 불을 놓고 갔을지도 모를 일이었다. 나는 연기가 봉화이기라도 하는 양 아지랑이 속으로 가만가만히 걸어가 보곤 했는데, 그러나 내가 거기에 당도해 보면 연기는 이내 잦아지고 자운영 꽃들만이 어우러져 있어서 꽃 멀미가 일곤 하였었지.

꽃과 연기.

그렇다. 연기가 떠오르면 피는 새하얀 꽃이 있었다. 모깃불을 피워 둔 마당가 멍석 위에서 할머니의 삼베 치맛자락에 잠이 들었던 밤, 먼 데서 들려오는 개 짖는 소리에 눈을 뜨면 시름시름 잦아지고 있던 모깃불 연기. 그 연기가 실오라기처럼 낱낱이 풀어지는 초가지붕 위에서 오롯이 피어나 있던 박꽃. 그 아련한 그리움의 빛깔이 지금도 나의 가슴을 저미고 있다.

언젠가 한번은 화장장에 다녀올 일이 있었다. 기름 묻힌 광목에 성냥개비 하나로 불을 댕겨 붙이자 그만이었다.

무(無).

나는 밖의 느티나무 그루터기에 앉아서 화장장의 굴뚝을 바라보았다. 시름 없이 피어오르는 연기는 그저 끝도 가도 없는 하늘에서 서서히 사라지고 있었다. 그 사람의 웃음과 눈물, 고뇌와 열정까지도 흔적 없이…….

　나는 마침 요들송을 흥얼거리며 내 곁을 지나는 서너 명의 여학생을 보았다. 그들은 억새를 한 움큼씩 꺾어서 들고 있었는데, 아마 그들은 자기들이 지나고 있는 그곳이 화장장인 줄 모르고 있었으리라.

　연기여.

　네가 오를 때 피어나는 꽃의 슬픔을 이제야 어슴푸레 이해한다.

당신은 누구인가

어느 고요한 밤 늦게 이웃집에서 들려오는 앳된 목소리.
"머나먼 저곳 스와니 강물……."
소녀가 공부하다 말고 잠깐 불러 보는 것인지도 모른다. 아니면 다음 날 음악 시험이 있어서 잠시 불러 보는 것인지도 모른다.
그러나 그 해맑은 노래가 차고 투명한 겨울밤 하늘을 무질러 와서 나를 회한의 밀물에 젖게 한다.
'나는 누구인가. 나의 40년은 어디로 흘러가 버렸는가. 내가 저들 또래에 불렀던 나의 노래 음표들은 지금 어디서 방황하고 있는가.'
어느 포장마차 근처에서 떠돌고 있을지 모른다. 좌절된 용기와 누기진 삶을 변명하기 위해.
그러나 이미 우리한테는 그 가련한 음표들을 불러 모아 앉힐 오선 마저도 삭아 버린 지 오래이지 않은가.
내려앉은 어깨, 수염 긴 얼굴로 창에 다가서 본다.

문득 아우렐리우스의 말이 스친다.

"시간은 일종의 지나가는 사람들의 강물이며 그 물살은 세다. 그리하여 어떤 사물이 나타났는가 하면 금방 지나가 버리고 다른 것이 그 자리를 대신 차지한다. 새로 등장한 것도 또한 곧 사라져 버리고 말 것이다. 인간이란 얼마나 무상하며 하찮은 것인가. 는여겨보라. 어제까지만 해도 태아이던 것이 내일이면 뻣뻣한 시체나 한 줌의 재가 되어 버리니, 네 몫으로 할당된 시간이란 그토록 짧은 것이니, 이치에 맞게 살다가 즐겁게 죽어라. 마치 올리브 열매가 자기를 낳은 계절과 자기를 키워 준 나무로부터 떨어지듯."

나는 창 저편 어둠 속에 떠오르는 얼굴을 본다. 어디서 많이 본 듯하나 전혀 생소한 얼굴. 그것은 너무도 많이 때 묻어 버린 나의 시간 때문이리라.

미우나 차마 버리지 못하는 창 저편의 얼굴에 살며시 뺨을 대보고 물러난다. 검지 끝으로 낙서를 하고 입김을 불어 본다.

'비겁자. 나태한 이중성. 가련한.'

마침 떠오른 달빛 속으로 눈 덮인 먼 산봉우리가 우뚝 나타난다.

오늘 밤에는 나도 저 산봉우리처럼 흰 눈을 함빡 뒤집어쓴 벌을 서고 싶다.

봄 소리

우리가 세들어 살던 그 집은 행응동의 산등성에 있었다. 방의 남서쪽에 있는 들창을 열면 깎아지른 벼랑 아래의 화원이 보였고, 멀리 수도 펌프장의 겨드랑 사이로는 골목 입구가 빠끔히 내다보였다.

할머니께서 겨울 내내 시멘트 부대 종이로 외풍을 다스리시던 들창을 나는 과도로 칼집을 넣어서 열었다. "봄샘 추위에 의붓 자식 얼려 죽였다는 말 못 들었느냐"며 노인이 혀를 차셨지만 나는 들은 척도 하지 않았다. 상반신을 창밖으로 내놓고 내려다본 화원에서는 비닐 막사의 옆구리를 열어서 볕을 들이고 있었다.

나는 창문턱에 턱을 올려놓고 내내 골목 어귀를 지키고 있었다. 돈이 좀 있는 사촌 누나 집에 등록금을 빌려 보라고 동생을 보내 놓고 있던 참이었다. 돈을 선선히 들려 보낼 상대가 아니었지만 그렇다고 포기할 수도 없는 마지막 기대. 그 막연한 기대가 나의 감기를 덧나게 했다.

문득 동생의 느란 스웨터 자락이 눈에 들어왔다. 그러나 동생은 몇 걸음 걷다가 수도 펌프장의 회색 담벼락에 어깨를 기대고서 좀처럼 발을 떼어 놓으려고 하지 않았다.

나는 기침을 참고 들창을 닫았다. 할머니의 걱정 어린 눈빛을 미닫이로 막고 집을 나섰다. 동생하고는 반대편의 길로 고개를 넘었다.

고향으로 떠나는 기차는 23시 30분에 서울을 출발했다. 자정께에 서울 변방을 벗어나게 된 나는 차창에 머리를 기대었다. 저 어둠의 터널을 뚫고 나가면 푸른 보리밭 위로 떠오르는 고향의 아침 해를 맞을 수 있으리라는 기대가 다소의 위안이 되었다.

그러나 나의 이 서글픈 기대는 이내 차창에 들이치는 빗방울에 의해 지워져 버렸다. 먼동은 섬진강 줄기를 타고 건너왔지만 비에 젖고 있는 남녘 역들은 묵화 속의 풍경처럼 적막하게 지나갔다.

동순천역 마당에는 벚꽃비가 시름없이 내리고 있었다. 안개비 속으로 숨어 버린 방죽처럼 아무한테도 말하기 싫은 나의 가슴앓이. 그 가슴 저미는 봄 몸미 증세는 내가 중학교와 고등학교를 다녔던 광양 땅에 이르자 완연해졌다. 차에서 내려 백운산 기슭에 있는 작은 소(沼)를 지날 때는 더욱 심했다.

나는 그때 그 소에 뛰어들고 싶은 어지럼증 같은 유혹을 받았다. 그 투명한 소에 내 몸을 담그면 소는 잉크 빛깔보다도 진한 나의 멍으로 하여 더 푸르리라 생각했다.

비는 그쳤으나 나는 여전히 빗속을 걷는 듯했다. 백운산을 오르는 오솔길가에는 진달래 꽃망울이 한창 부풀고 있었다. 간혹 할미꽃이 시선을 끌어가기도 했다.

물오른 나뭇가지에서 가지 위로 나는 산새들. 그들의 발은 가벼웠으나 내 발은 무거웠다. 정상을 5리쯤 남겨 둔 상백운암(上白雲庵)에 이르러서 발을 쉬었다.

암자에는 탁발을 나갔는지 아무도 없었다. 나는 그 암자의 남쪽을 향한 쪽마루에 몸을 뉘었다. 아스라이 이내에 묻혀 있는 다도해를 내려다보는 동안 저절로 눈이 감겼다.

나는 그때 비몽사몽간에 어떤 소리를 들었다. 눈을 뜨자 절 뜨락의 봄배추를 갉아먹고 있는 어린 산토끼 한 마리가 보였다.

다시 눈을 감았다. 어떤 소리가 또 있었다. 눈을 떴다. 처마 끝의 풍경이 솔바람을 쉬엄쉬엄 걸리고 있었다. 또다시 눈을 감았다.

이번에도 어떤 소리가 들렸으나 나는 너무 깊이 잠 속으로 끌려 들어가 있었다. 눈이 따가워서 일어나 보니 해가 탑 위에 걸려 있었다.

나는 잠들기 전에 들었던 소리를 기억해 냈다. 무엇이었을까. 두리번거리는 내 눈에 응달에서 불쑥 솟아나 있는 목단 움이 들어왔다. 서릿발을 젖히느라 부스럭댄 소리. 순간, 나는 "봄은 다시 일어서는 것"이라고 읊은 어느 시인의 시구를 떠올렸다.

"그렇다. 봄은 다시 일어서는 것이다. 그리하여 마침내 꽃피우고야 마는 저 먼 곳으르의 향함이다."

20년 전 그날의 수첩에 적혀 있는 나의 짧은 메모이다.

나를 찾아서

 혼자 훌쩍 떠나자고 마음먹었다. 작은 손가방에 세면도구와 양말을 챙겨 넣고 나자 달리 더 준비할 것이 없었다.
 밖에는 비가 오고 있었다. 비 오는 주말. 혼자 떠나는 길손. 낭만일 것 같지만 가슴 한편에 젖는 우수가 있다.
 서울역 구내에 삼삼오오 모여 있는 사람들이 전에 없이 정겨워 보였다. 나는 문득 동행을 구해 볼 생각으로 친구한테 전화를 걸었다.
 그러나 신호만 건너갈 뿐 선뜻 받아 주는 사람이 없다. 받아 주는 이 없는 전화벨이 문득 내 처지처럼 느껴진다. 막상 발길 닿는 대로 간다고 했지만 매표소에 이르자 역 이름이 얼른 대지지가 않는다.
 기껏 표를 산 것이 고향 근교의 간이역. 그곳 면 소재지에서 농촌 지도원으로 일하고 있는 중학 동창이 떠올랐던 것이다.
 열차에 앉아서 차창에 뿌려지는 빗방울을 우두커니 바라보다가 술을 샀다. 옆 자리의 길손에게 권했으나 거절당하고 혼자서 한 병을 비웠다.

　깜박 잠이 들었던 것 같았다. 눈을 뜨니 차창에 오후의 햇볕이 들고 있었고 목적지가 가까워 오고 있었다.

　비 갠 간이역. 역장의 높이 쳐드는 신호기조차도 싱그러워 보였다. 참새들이 작은 역사의 지붕 위에서 우짖고 있었고, 텅 빈 대합실에는 스님이 한 분 시간표를 올려다보고 있었다.

　농촌 지도소를 향해 가는 도로의 양쪽 가로수가 감나무여서 이채로웠다. 그 감나무에서는 감꽃이 막 피어나고 있었는데 비에 씻긴 포도 위에 떨어진 감꽃이 그렇게 정갈해 보일 수가 없다.

　나는 유년 시절에 했던 대로 감꽃을 주워서 입에 넣었다. 약간은 떫으면서도 담백한 감꽃의 맛을 음미하면서 농촌 지도소에 이르니 졸고 있었던 듯 일직이 눈을 비비며 나왔다.

　그 사람은 내가 찾는 친구가 달포 전에 발령이 나 다른 지방으로 갔다고 말했다. 나는 비로소 완전히 홀로됨을 느꼈다.

　풍향계가 가리키는 남서쪽 길로 무조건 들었다. 뜰이 넓은 여인숙을 찾아가니 담장 귀퉁이어 활짝 핀 붓꽃이 반긴다.

　나는 방의 윗목에 손가방을 던져 놓고 입은 채로 팔베개를 하고 벌렁 누웠다. "아아, 나는 혼자다." 이렇게 혼잣말을 하자 겨드랑으로 서늘한 바람이 지나갔다.

　나는 오전까지만 해도 서울의 그 만원인 틈새기에 끼여 있던 몸이었다. 그러나 그 복잡하고 수선스럽던 일상이 까마득하게 느껴지는 것은 웬일일까. 내가 놓여난 것일까. 아니면 그들이 나를 소외시킨 것일까.

내 생의 절반 정도를 나는 서울에서 살았다. 그 혼탁과 다난과 어울려서 파도 앞의 모래알처럼 굴러다녔다. 늘 가면을 느꼈고 내가 살고자 한 삶이 아닌 타인의 삶을 사는 듯한 착각을 느껴 오던 터였다.

그러나 나는 오늘 비로소 도시의 군중 속에 휩쓸려 다니는 '내'가 아니라 내가 '남'을 휩쓸리게 하는 군중의 일원이었음을 깨달았다.

입으로는 절대 고독에 의한 절대 자아를 운위하면서도 정작 자신은 군중 속에 묻혀 있어야 안정되고, 자신을 포기함으로써 오히려 평화를 느끼는 삶이었지 않은가.

이번 여행길만 해도 그렇다. '혼자 훌쩍 떠나가자'고 마음먹었으면서도 얼마나 일행을 희구했는가. 서울역에서도 친구를 구하려 했고 찾아온 곳도 결국 동창생의 근무지였지 않은가.

진실로 홀로된 이 시간은 나의 의지에 의한 것이 아니라 신의 배려에 의한 것이다. 나는 갑자기 신의 축복을 느꼈다.

나는 여인숙을 나와서 해 질 녘의 면 소재지를 돌았다. 불던 바람은 나뭇가지 맨 위에서 놀고 있던 막내까지도 불러들였다. 들녘에서 돌아오는 소 울음소리가 한가롭고, 놀러 나간 아이를 찾는 어떤 어머니의 목소리가 골목을 누빈다.

나는 오랜만에 방죽 길을 걸었다. 노을이 번져 있는 냇물 속에 회개하고 돌아온 탕아의 표정 같은 순한 산 그리메가 깃들고 있다.

미루나무 밑에서 염소를 보고 있는 소년이 하모니카를 불었다.

해는 져서 어두운데
찾아오는 사람 없어
이 일 저 일을 생각하니
눈물만 흐른다.

내가 이 노래를 마지막으로 불러 본 적이 언제였던가. 군 복무 시절, 비무장 지대의 그 황량한 갈대밭에 지던 노을 속에서였지 않은가.

나는 하늘에 별이 돋는 것을 바라보면서 여인숙으로 돌아왔다. 여인숙의 방은 그지없이 고즈넉하다. 낡은 벽지에 '우리는 사랑하므로 헤어진다. 마지막 밤'이라는 희미한 볼펜 낙서조차도 가슴에 와 닿는다.

그릇을 씻는 설거지 소리가 그치자 노인네의 기침 소리가 건너오다가 멎는다.

세수를 하고, 발을 닦고, 건너편 벽의 거울 속에 들어선 나의 얼굴을 들여다본다. 생소하기도 한, 이 여인숙의 흙벽 같은 연민과 권태와 우수가 버무려져 있는 저 표정…….

 먼 데의 개 짖음 소리를 들으며 한 가지씩의 꺼풀을 벗어 이 적막한 시골의 밤에 묻으며 나는 기도한다.

 "오늘 하루 저를 홀로 있게 해주신 은혜에 진정 감사합니다."

고향으로 열린 창

사람의 집에는 창이 있다.

아주 먼 옛날부터 사람의 집에는 밖을 향한 창이 있었다.

어쩌다 우리는 흘러간 시대의 움막을 외딴 산속이나 해변에서 대할 때가 있다. 간신히, 그저 단출한 식구가 비바람 피해서 살 수 있는 그러한 의지처. 흙으로 이겨 바른 벽과 갈대를 엮어 인 지붕. 이제는 사람이 떠난 지 오래인 그러한 집에도 어김없이 창이 방의 동편이나 남쪽 벽에 의연하게 자리잡고 있는 것이다.

비록 투명한 유리가 아닌 창호지나 비료 포대 종이로 발라져 있는 창이긴 하지만 우리는 그 영창에 어린 가족들의 기쁨과 슬픔, 걱정과 안도, 희망과 좌절을 어렵지 않게 유추해 볼 수 있다.

창이 희부옇게 밝아 오면 아침 힘줄이 돋아났고, 창에 달빛이 젖어들면 떠나간 사람을 그리워했을 것이다. 큰 바람, 작은 바람 지나는 소리를 그 창으로부터 들었을 것이고 가뭄 끝에 기다리던 빗방울 소리도 그 창으로부터 맞아들였을 것이다.

우리는 어린 날 감기가 들거나 혹은 밖에 나가면 안 될 일이 생겼을 적에 하이얀 창호지 창에 손가락 구멍을 내놓고 내다보던 그날의 바깥 풍경을 잊지 못한다.

거기에 눈을 대고 보던 하늘과 땅과 나무와 새. 거기로 바라본 별과의 대화가 후일에 시가 되었고 거기에서 달과 한 약속이 장래를 결정하기도 했었다. 창이란 곧 몸이 드나드는 곳이 아니라 영혼이 들고 나는 문인 것이다.

짐승들의 집을 보라. 어디 창이 있는가. 그저 몸을 숨기고 잠을 자는 곳으로서 땅속 깊이 파고 들어가거나 나뭇가지로 의지를 삼는 것이 고작일 뿐.

일찍이 시인 지훈은 창에 대해 이렇게 적었다.

"창 앞에 앉아서 초승에서 그믐까지 지는 달을 빠짐없이 보는 사람은 때로 감정의 원시림에 의지의 도끼날이 얼마나 무딘가를 깨달을 것이오. 또한 창 앞에 앉아 먼 산 위로 떠올랐다가 이내 끝없이 흘러가는 흰 구름을 바라보는 이는 그 푸른 하늘에서 나서 자라고, 마침내 돌아갈 고향을 찾을 수도 있으리라."

그러나 현대인들은 창을 상실한 지 오래이다. 어느 건물에고 창은 나날이 더 늘어 가고 있지만 일상에 바쁜 우리 곁에서 점점 멀어져 가고 있는 것 또한 창이다. 창은 창의 장식 의무로 거기에 머물러 있을 뿐이다.

교회가 하늘을 향한 이 땅의 창처럼 날로 늘어 가고 있지만 허식이 아닌 진실한 그리스도의 형제자매는 얼마나 되는가.

우리 몸의 창 또한 곤혹하기는 마찬가지이리라. 달리는 차들, 몰려 다니는 사람들, 이래도 보아 주지 않을 테냐고 윽박지르듯 덤벼드는 광고물들.

한밤중 당신의 눈을 안으로 떠서 당신의 마음과 한번 대화를 시켜 보라. 눈은 이렇게 하소연할 것이다.

"주인님, 저는 정말 당신을 만나서 너무도 못 볼 것을 많이 보고 삽니다. 음탕한 활자들, 뻔뻔스러운 놀이들, 그리고 끝임없는 텔레비전……. 6일이 지나면 바꿔 주던 풍경인 성모상과 십자가 상도 지난 주에는 보여 주지 않았습니다. 대신 먼지가 뿌연 운동장으로 데리고 나가서 정신없이 공만을 쫓아다니게 하였었지요. 주인님, 부디 저한테 살아 있는 아름다운 것을 대하게 해주십시오. 그것이 당신 영혼의 영양제임을 잊지 말아 주십시오."

나는 〈예수님의 사진기〉라는 동화를 쓴 적이 있다. 그것은 사람들의 마음을 찍는다는 것으로 그 사진기는 우리들의 카메라와는 달리 사람들 마음속에 품고 있는 생각을 찍어 낸다고 하였다.

생각해 보라. 그 사진기에 찍혀 나올 우리들의 마음속 풍경을. 어떤 사람은 감투가 찍혀 나올 것이고, 어떤 사람은 돈(거의가 그렇다고 생각하지만), 또 어떤 사람은 여자가(그 반대편도 있겠지……), 심지어 아이들한테서도 자가용이며 컴퓨터가 찍혀 나오는데 단 한 사람 앉은뱅이 소녀한테서 성모상을 바라볼 수 있는 창이 찍혀 나왔다는 것으로 이 동화는 끝을 맺었다.

  이제는 우리들 집의, 마음의 창을 회복할 때이다. 하늘과 별과 바람의 동무들을 만나게 해주는 저 창!

  시인 지훈이 말한 것처럼 "푸른 하늘에서 나서 자라고 마침내 돌아갈 고향을 찾을 수도 있으리"니 창이야말로 영혼의 통로가 아닐 수 없다.

그 여름 바닷가 강론

그해 여름휴가를 우리 집은 서해안에 있는 섬, 안면도로 갔다. 우리가 다니는 성당의 여름 수련회에 묻어서 떠난 길이었다.

사실 여름이 오면, 7월의 문턱부터서 유일하게 기다려지는 게 있다면 이 휴가일 것이다. 다람쥐 쳇바퀴 도는 듯한 일상에서 단 며칠이라도 놓여나 산과 바다 속에 몸을 담가 볼 기쁨은 생각만 해도 손톱, 발톱에까지 푸른 물이 오르는 듯한 느낌이지 않은가.

그러나 막상 떠나 보면 사서 고생한다는 말만 실감하고 돌아오는 휴가(休暇) 아닌 노가(勞暇).

이 노가를 그야말로 놀자의 유흥으로 삼는 사람들로 하여 어린아이들한테 어른들의 안 보여야 할 추태를 보였을 때 오는 당혹감, 이런 곤혹을 피해 보고자 해서 성당의 수련회에 끼여 간 것이다.

우리 가족의 그해 휴가 해프닝은 해수욕장에서 일어났다. 가족이 함께하기로는 첫 해수욕인지라 집사람도 좋아하고 아이들도 신나했다.

신부님께서 그렇게 한꺼번에 알몸을 오래 노출시키면 화상 입는다고 주의를 주었지만 우리는 화장품 회사에서 선전한 오일만 믿었다.

강한 태양열로부터 피부를 보호해 준다는 그것을 쓱쓱 문질러 바르고는 마냥 파도 속으로 달려 들어갔고, 마냥 햇볕과 모래에 버무려져 놀았다.

등이 따끔거리기 시작한 것은 저녁 무렵부터였다. 하늘의 노을은 졌으나 우리 식구 등마다의 노을은 꺼질 줄을 몰랐다. 잠자리에 누웠으나 등이 따끔거려서 잠이 오지 않을 지경이었다. 어른들의 고통이 이러니 아이들은 일러 무엇 하랴.

이렇게 신음의 밤이 가고 날이 밝자 세숫대야를 나무토막으로 울리는 소리가 뗑뗑 났다. 미사 시간을 알리는 종소리였다.

기지개를 켜며 텐트를 나서다 천막 한쪽에서 제의를 입고 계시던 신부님과 눈이 마주쳤다. 신부님이 '혼났지요?' 하는 뜻의 미소를 띠었다. 나는 그저 뒷머리나 만질 수밖에.

간이 제대 앞으로 나오신 신부님이 조용히 말했다.

"꽃도 좀 있으면 좋잖아요."

수녀님이 부근에 무더기로 피어 있는 달맞이꽃을 꺾어 와서 사이다 병에 꽂아 제대 위에 올렸다. 우리들은 이슬이 깨기 시작하는 풀밭에 서서 입당 성가를 불렀다.

"주 하느님 지으신 모든 세계 내 마음속에 그리어 볼 때."

신부님은 뜻밖에도 바닷가에 왔으니 바닷가의 강론을 듣는 게 좋겠다며 침묵하고 앉았다.

파도 소리가 쏘아— 쏴아— 들려왔다. 물새 소리가 꾸룩꾸룩 들려왔다.

근처 솔가지를 흔들며 바람이 지나갔다. 먼 데 수평선에 배 한 척이 아득히 떠가고 있었다.

나는 한 여학생이 모래 능선을 기어오르며 피어난 연분홍 메꽃한테 살짝 윙크하는 것을 보았다.

지금도 잠이 오지 않는 여름 한밤중에는 그날 그 어떤 웅변보다도 거룩한 침묵 속의 바닷가 강론이 떠오르곤 한다.

눈에게

 교만한 말일는지 모르지만 나의 지체 가운데 그래도 남에게 뒤지지 않는 부분을 들라면, 나는 감히 눈, 너와 머리카락을 내세우곤 하였다.
 어렸을 적부터 '눈보'라는 별명을 얻어 가질 만큼 눈이 크고 또한 맑다고들 했다. 성능도 대단하여 소년 시절에 시력 측정을 하면 2.0이 나와서 남의 부러움을 샀다.
 머리카락은 언제부터인지 새치가 몇 섞여 있어서 흠이긴 하지만, 요즈음 젊은이들이 지니고 싶어 하는 '반곱슬'이다. 학생 시절과 군대 시절에 스포츠형이라는 머리 모양을 하면, 머리카락 올올이 정이월의 보리처럼 꼿꼿이 서서 총기 있는 인상을 준다고들 했다.
 또 장발이 한창 유행을 탈 땐 기름을 먹이지 않아도 다른 머리들처럼 무너지거나 흘러내리지 않고 제 기상을 유지해 줘, 여간 고마운 게 아니었다.

지금까지 코도 귀도 심지어 목까지도 한 번씩 앓은 적이 있고, 이는 의붓니까지 하나가 끼어 들어와 있지만, 너와 머리카락만큼은 조금도 나를 어려운 형편에 늫이게 하지 않았었다. 심지어 장가가는 날조차도 머리는 기름을 바르지 않아도 의연하였으니 얼마나 고마운 나의 지체인가 말이다.

나는 간혹 이런 다짐을 하였었다.

'나는 무엇보다도 눈을 잘 간수하겠다. 가능한 한 아름다운 것들을 자주 보게 하여서, 다른 무엇보다도 아름다운 것들과 길들게 해주어야겠다. 푸른 하늘, 흰 구름, 산도화, 들국화, 노을, 무지개, 짙은 숲과 시린 여울, 그리고 물총새의 깃, 심지어 마른 풀잎에 내려 있는 서리까지와도. 그리하여 소녀의 무릎 같은 흰 순결을 간직게 하여 내가 이 땅에서의 삶을 마치는 날, 이 눈만은 다른 어느 가난한 장님에게로 옮겨서 이 세상의 아름다움들한테 좀 더 오래 머물게 하고 싶다'고.

그런데 이 세상의 여정은 꼭 즐거운 것만은 아니더구나. 주인 잘못 만난 넌 혹사당하기가 예사였지. 책 속에서 지치고, 시험 속에서 긴장하고, 그러다 어느덧 성인이 되어선 또 깨알 같은 활자를 살펴봐야 하는 밥벌이에 너의 성능은 조금씩 떨어져 내렸다. 1.5에서 1.2로 1.2에서 1.0으로.

때로 푸르름 속에 놓이고 싶어 하는 너의 바람을 모르는 것은 아니었으나, 생활 근거지에 매이다 보니 늘 회색빛 아스팔트와 콘크리트와 차들과 사람들에 치여서 갑갑해하고 갑갑해하는 너, 눈.

 지난봄 어느 날이었지. 국어사전을 펼쳐 든 나는 처음엔 영문을 알 수 없었다. 너를 손등으로 훔치고 다시 보아도 여전히 흐려 보이는 작은 글자들. "작은 글자가 안 보이는데" 하고 혼잣말을 하자, 곁에서 누군가가 대꾸했다. "돋보기를 써야 될 때에 이른 모양이군" 하고. 부인들이 어느 달부터 몸엣것이 없어지면 충격을 받는다고 하던데 그때의 내가 그랬다.

 이제 인생의 내리막길에 이르게 되었는가 생각하니, 갑자기 서늘한 느낌이 드는 것을 어쩔 수가 없었다. 더욱이 콧등과 귀를 보조로 이용해 유리알을 걸쳐야 하다니, 참으로 너한테 미안하기 그지없는 일이다.

 눈이여!

 힘을 내다오. 더 좀 할 일을 할 수 있도록. 나 또한 너를 위해서도 더 좀 진솔한 것들, 동심 어린 풍경을 찾아다닐 것을 약속하마. 우리가 이미 예약해 둔 아름다운 이별을 맞이할 그날까지.

우리들의 일요일

봄의 일요일은 그냥 보내기가 여간 아까운 게 아니다. 남의 집 울 안에 팝콘처럼 터뜨려 있는 목련 꽃을 건너다보는 것만으로도 풍성한 느낌을 준다.

어디 그뿐이랴. 들길을 가다 보면 과수원의 복숭아나무며 배나무에도 온통 꽃들이 화사하게 피어 있어 주머니 사정과는 관계없이 꽃구경을 할 수 있다.

졸졸 흐르는 맑은 시냇물에 맨발을 풍덩 담그고 싶은 것도 이때이고, 밭두둑에 무심히 발을 들여놓았다가 여기저기 피어 있는 들꽃들이 다칠까 봐 발 옮기기가 어려운 것을 느끼는 것도 이때이다.

그러나 전부는 아닐 테지만 이런 화창한 일요일에 '빌어먹을, 비라도 내려 버려라' 하고 은근히 심술을 부려 보는 아빠들도 있을 것이다.

아니, 이것은 심술이 아니다. 비 오는 공휴일의 맛(?)을 본 중년 남자들은 기억할 것이다. 늘 놀란 토끼처럼 서두르던 아침 출근길, 그 분주함에서 해방되어 느긋이 누워서 듣는 일요일의 빗소리는 얼마나 아늑한가.

벽을 향하고 다시 누우면 낙숫물 소리에 묻어 오는 먼 추억 한 토막이 재생되는 것도 이런 때이다.

현대 사회의 각종 경쟁이 가정 간의 경쟁으로까지 비화되면서 우리나라 중년 남자들은 돈 물어 오는 일벌레로 전락한 지 오래된다.

텔레비전 연속극에 간혹 등장해서 남자들을 통째로 몰염치스럽게 만들어 놓는 유한(有閑) 남자들은 극히 일부에 지나지 않고, 대부분의 남자들은 자기 얼굴 위에 비굴한 탈을 하나씩 얹고 살아가고 있다고 해도 지나친 말은 아닐 것이다.

윗사람의 부당한 부림에도 "네, 네" 하고, 우습지 않은 일에도 같이 우스워 죽겠다는 표정을 하는 저 처량한 광대들.

처자식만 아니면 탈을 벗어 내동댕이치면서 "사실은 이렇소!"라고 당당해지고 싶은 적이 어디 한두 번인가.

이렇게 일에 절고, 걱정에 절어 일주일을 지내다 보면 몸은 물 젖은 솜처럼 천근만근 무겁다. 모처럼 돌아오는 일요일의 휴식을 기대해 보지만 그것은 혼자 마음일 뿐, 옆집은 어디어디에 갔다는데 우리는 뭐냐며 졸라 대는 가족들.

무슨 구실이라도 둘러대어 빠져나올라치면 이때부터 집안의 불만

지수는 급상승한다. 끝내는 부부 싸움으로까지 가는 집도 있을 것이다. 아내는 아내대로 돌아눕고, 아이들은 어른들 눈치나 살피다가 텔레비전 앞으로 물러가고, 잠 오지 않는 이불 속에서 뒤채다가 일어나면 창밖의 화창함은 어찌 그리도 원망스러운지……

우리 한 집만 돋우려세워 놓고 날씨까지도 랄라랄라 뛰놀고 있는 듯한 저 화창한 봄날의 일요일.

아이들이 틀어 놓은 텔레비전에서 동요가 흘러나오면 가슴은 물기로 젖는다.

　엄마가 섬 그늘에 굴 따러 가면
　아기는 혼자 남아 집을 보다가…….

저 어린 날의 싱싱함은 어디로 흘러가 버렸는가. 함께 노래하던 그 소꿉친구는 어느 남자와의 사이에 아들 낳고 딸 낳아 봄나들이를 나갔을지도 모르는 일.

자, 우리도 골목 시장에라도 나서자. 호떡 하나에 추억과, 오이 하나에 생활과, 풍선 하나에 이환을 담고 돌아오는 서민들의 일요일, 골목 나들이에 신이여 축복하소서.

목선의 꿈

  염치없이 이런 글을 쓰게 되어 미안합니다. 그것도 당신이 돌아가신 지 60여 년이나 지난 오늘, 나 같은 사람의 찬사에 놀라지 않을까 생각하니 외람스럽게도 쿡쿡 잔기침 같은 웃음이 나오기도 합니다.
  클로드 모네 님.
  저는 얼마 전에 우리나라의 어느 사진작가가 찍은 남해안의 갯벌 사진을 대하는 순간 문득 당신이 떠올랐습니다. 당신이 1885년 겨울에 그린 〈동면(冬眠)하는 배〉라는 그림을 벽에 붙여 놓고 보는 저로서는 이 사진과 함께 제 설명을 당신한테 드리고 싶은 강렬한 충동을 받았던 것입니다.
  이 사진은 우리네의 황량한 겨울 갯밭 풍경입니다. 당신의 〈동면하는 배〉의 해변에는 파도가 하얗게 부서지고 있으나 여기는 썰물이 멀리 밀려 나가서 앞의 작은 섬 그늘까지도 완전히 드러내 놓고 있습니다.
  한 가지 같은 것이 있다면 당신은 해변의 모래와 잡동사니와 석조를 모두 진흙 구렁이라고 말할 수 있을 만큼 용암같이 두껍게 칠해 놓았지요. 마찬가지로 이 사진에서도 해변이 온통 충암이 흘러내리는 것 같은 갯벌도 진득진득해 보인다는 것입니다.

클로드 모네 님.

때는 황혼 무렵입니다. 어스름히 저 먼 수평선으로부터 물안개와 함께 서서히 번져 들고 있습니다. 그리고 그 앞쪽에 섬으로부터 나 있는 물고랑 길을 따라서 노동자 부부가 뭍으로 돌아오고 있습니다.

치마를 무릎 위로 걷어 올려서 잡아맨 아낙네는 머리 위에 갯것을 이었습니다. 이 아낙네의 서너 걸음 뒤떨어져서는 바지게를 진 남정네가 역시 바짓가랑이를 걷어 올리고서 묵묵히 따라오고 있습니다.

클로드 모네 님.

당신이 〈동면하는 배〉에서 오두막과 통나무와 물통과 한켠의 사람을 두껍게 칠해 당신네의 어촌 삶을 질박하게 해석해 보여 주었듯이 이 사진의 작가는 우리네 갯마을의 한 단면을 잘 포착하였다고 저는 생각합니다.

사진에는 앞부분만 잡혀 있습니다만 겨울잠을 자고 있는 목선 뒤로는 아이가 하나쯤 달려오고 있을지도 모를 일입니다. 또한 이들 부부가 머리에 이고 등에 진 것은 지금 우리 돈으로 쳐서 기천 원어치 밖에 안 될지 모릅니다.

그러나 이것을 장에 내다 팔아서 개구쟁이 아이놈의 연필과 공책,

아니면 양말이나 속것을 한두 가지 마련할 기쁨으로 발걸음이 가벼울 것입니다.

집에 닿으면 팔뚝과 정강이의 뻘을 씻고 허리를 펼 틈도 없이 아낙네는 부엌 일을 할 테지요. 그리고 남정네는 값은 개 값만도 못한 우리네의 소 값 현실이지만 말 못하는 짐승을 굶길 수는 없는 일이라서 쇠죽을 끓이게 될 것입니다.

그리하여 마침내 오두막에 불을 밝히고 톳나물과 파래무침으로 왕성한 식욕을 지우겠지요. 그러고는 밤하늘의 별빛으로 내일의 날씨를 예견하며, 내일 할 일에 대해 도란도란 얘기를 나누면서 잠 속으로 빠져 들어가는 저 건강한 바닷가 사람들의 하루 일과.

클로드 모네 님.

제가 지금까지 당신의 그림 〈동면하는 배〉와는 하등 관계가 없는 말을 한 것은 아니겠지요. 예술 작품이란 감상하는 사람에게서 새롭게 태어나는 연대성이 생명이니까요.

저의 눈에 평범하게 스쳐 지나가 버렸을지도 모르는 이 한 장의 갯벌 사진이 문득 살아서 숨을 쉬게 된 것은 당신의 작품이 일찍이 불씨로 살아 있었기 때문입니다.

제가 처음 당신의 〈동면하는 배〉를 대한 것은 고향에서 세밑을 맞이하고 있을 때였습니다. 미대를 다니다 만 친구의 방에서였는데 들창 너머로는 갈대가 우거진 강변이 내다보이고 있었습니다.

그렇습니다. 그 갈대밭에도 겨울잠에 빠져 있는 나룻배가 조용히 흔들리고 있었습니다. 그리고 그날은 눈이 내리고 있었습니다. 가정 형편 때문에 학업을 포기해 버린 친구의 시름 속에서 화첩을 넘기던 나는 〈동면하는 배〉를 보고 이런 말을 했던 것 같습니다.

"이 꿈틀거리는 바다 좀 봐라. 파도의 포말 같은 새하얀 모래밭의 햇볕, 그리고 검푸른 오두막, 우리의 섣달그믐도 이 사람들처럼 이렇게 거셌으면 좋겠다."

클로드 모네 님.

자연의 빛이야말로 모든 것의 원동력이라고 생각하여 이를 직접 색감으로 추구한 당신을 비롯한 시슬레, 르누아르, 기요맹, 드가와 같은 당신 우인(友人)들도 저는 좋아합니다.

"모든 형상과 색채는 빛으로 해서 그 존재가 가능하다"는 당신들(인상파)에 의하여 비로소 회화에 태양이 부활되었기 때문입니다.

살아생전 당신의 친구였던 바슐라르가 당신의 〈수련〉에 대해 "젖가슴과 같이 아름답다"고 표현하였습니다만 저는 이 〈동면하는 배〉를 건장한 바닷가 사람들의 정강이에 붙은 뻘처럼 질박하다고 말하고 싶습니다.

진주 하나가 잉태되는 아픔으로 바다는 지금 격동하고 있으며 파도의 뉘와 같은 햇볕이 쏟아져 내리고 있는 해변은 그러나 검푸른 오두막이 지키고 있어서 평화롭습니다. 그리고 네 척의 배는 우리에게 희망을 파종해 주고 있습니다.

저는 당신의 〈동면하는 배〉를 대할 때마다 이 정경이 꿈틀거리고 있었을 당신의 심장을 가늠해 봅니다. 생성되고, 살아가며, 다시 파종이 거듭되는 그것은 곧 우리 갯벌의 과정이기도 합니다. 머지않아 밀물이 밀려 들어올 개펄, 거짓 없는 노동과 목선의 꿈…….

클로드 모네 님.

바슐라르는 또 당신에 대해 이렇게 말하였습니다. "생애를 통해서 자기 눈에 스친 모든 것의 아름다움을 키워 갈 줄 알고 있었던 모네"라고. 저 역시 당신의 이 점을 존경합니다.

현대인들은 보이는 아름다움에 대해서도 알아보지 못하는 데 비해 당신은 그것을 찾아내어 화폭 속에서 키워 남겨 주었으니까요.

이런 의미에서도 당신의 〈동면하는 배〉는 지구에 바다가 있는 한, 그리고 바다의 삶을 살아가는 수부들이 있는 한 파도와 함께, 오두막과 함께, 목선의 꿈과 함께 영원할 것입니다.

바람 부는 날

횟배를 앓았다.

온 방 안을 기어다니며 울라치면 할머니가 업어 주었다. 안방에서 대청으로, 대청에서 툇마루로. 이렇게 깊은 밤 어둠 속을 업혀 다니면서 나는 해장죽 밭을 지나는 바람 소리와 함께 할머니의 자장가를 들었다. 노래라기보다는 가슴 저 안쪽의 한 깊은 흥얼거림을.

그것은 일정한 가사나 곡의 어떤 틀이 있는 것이 아니었다. 전라도 가락의 한 가닥 같은 노랫말을 알아들을 수 없지만 뭔지 자꾸만 슬퍼지는 그런 노래였다.

서러움을 끊임없이 자아내게 하는 할머니의 자장가가 듣기 싫어서 나는 번번이 투정을 부리곤 했다.

"할매, 그 소리는 그만 허구 옛날이야기를 해주소."

"뭔 이야기 할거나? 이 할미 얘기 주머니 속엔 《심청전》밖에 없는디."

《심청전》, 하도 듣고 들어서 다음다음 대목까지 훤히 떠오르는 이야기. 그래서 나는 듣다 말고 엉뚱한 질문을 하곤 했다.

"심청이가 얼매나 이쁘당가? 뒷집 금순이 누님보다 이쁘당가?"

"금순이보다 이쁘고말고. 우선 마음 이쁘것다, 글고 연꽃 속에 들어가 있어도 표나지 않을 만한 얼굴이었당께."

아아, 언제나 봐도 잘 익은 복숭아 빛깔을 떠올리고 있는 금순이 누님의 선한 얼굴. 갯것 하러 나갈 때 보면 마을 처녀들 가운데서 널을 가장 잘 타는 금순이 누님의 다리.

그 금순이 누님보다 심청이가 더 예쁘다는 할머니의 대답은 내게 황홀감을 주는 것이었다. 그러니까 내 어린 날의 최상의 하늘 편에 가까운 비교급은 심청이었다.

아름다움도, 착함도, 심지어 슬픔까지도.

초등학교에 입학하여 교과서를 처음으로 지급받았을 때의 일이다. 국어 책을 펼치다 말고 나는 "아!" 하고 탄성을 질렀다.

책의 첫머리에 내가 어슴푸레 짐작하고 있던 심청이의 얼굴이 있었던 것이다. 둥근 얼굴에 어디를 봐도 미운 데라곤 한 군데도 찾아볼 수 없는 아이.

그 아이의 이름은 영이라고 밝혀져 있었지만 나는 연필심에 침을 묻혀 가면서 '심청이'라고 따로 적어 넣었던 기억이 아직도 난다.

그러나 이미 영이한테도 짝이 있었다. 부잣집 아이 티가 역력한 잘 생긴 그 아이의 이름은 철수라고 되어 있었다.

어렸을 적 교과서 속의 그 아이들처럼 우리들한테 심한 열등감을 심어 준 아이들이 또 어디 있을까. 철수와 영이. '란도셀'을 걸머지고 선 두 아이의 다정한 모습.

깁고 또 기운 옷에 쇠똥 많은 까까머리인 우리들로서는 감히 꿈도 꿀 수 없는 반팔 셔츠, 반바지 차림에 적당히 자란 머리, 도회지에 사는 철수는 곧 동화 세계 속의 아이였다.

내가 생각한 심청이 원형에 가장 가까운 영이의 작은.

그 여자의 얼굴에서 적어도 두 가지는 내 가슴을 두근거리게 했다.

둥근 턱과 순진해 보이는 눈이 그랬다. 그런데 참 이상한 일이었다. 한번 좋다고 느껴지면서 돌아서 보면 그의 뒷모습까지도 유년 시절부터 그리워해 온 것처럼 생각되는 것이었다.

남자보다 먼저 죽지 말라고 터무니없는 약속을 강요하고 나서 어느 선배한테 같이 갔을 때였다.

빙글빙글 웃으며 이야기만 듣고 있던 선배가 여자 편에서 자리를 뜬 틈을 타서 재빨리 말했다.

"야, 눈 보니 성깔 좀 있어 뵈는데."

"무슨 말씀을 하세요? 저건 심청이 눈을 빼다 박은 거라구요."

선배는 입을 벌리고 한참이나 다물지를 못했다. 그러나 선배는 헤어지면서 나에게 한마디 쏘아 주는 것을 잊지 않았다.
"살아 봐라, 임마. 심청이 눈이라구 별수 있나."
그때 나는 속으로 대꾸했다.
'별수 있어요. 우리가 당신들 같은 줄 알구. 보라구요. 항시 인당수 연꽃 속에서 얼굴 씻고 나선 것처럼 풋풋하게 살 테니깐.'
해가 가고 또 바뀌었다. 어느덧 심청이 턱과 눈을 닮았다고 생각한 여자의 양쪽 겨드랑 밑에도 아이가 하나씩 달리게 되었다.
연꽃 속에서 막 얼굴 씻고 나선 것처럼 풋풋하게 살겠다던 약속은 약속으로만 남을 뿐 배추 시래기처럼 기운 없고 누기 진 생활 선상에서의 조우는 처량하기만 하다.
"이런 사기가 어디 있어요? 밥 짓고 청소하고, 청소하고 밥 짓고, 아이들하고 씨름하고 또 씨름하고, 맨날맨날 치사하게 돈타령만 늘어놓아야만 하고, 내가 이러려고 시집온 줄 아세요?"
"마찬가지야."
이럴 때의 여자의 가슴속에도 갈바람에 머리를 풀어뜨리는 갈대처럼 허무가 일까.
남자에게는 문득문득 신기루를 쫓는가 싶은 고독이 있다. 수선화 지던 봄날, 연못가에 밀려오던 얼굴하고 전혀 달라 보이는 또 하나의 얼굴. 그럴 때 마음속의 얼굴이 더욱 선명해지는 것은 무슨 섭리일까. 유년 시절부터서 그리워해 온 것 같은 뒷모습조차도 군중 속의 한 사람처럼 전혀 생소해 보이고.

때때로 아이들이 앓을 때가 있다. 그러면 할머니가 내게 그랬듯 나는 아이를 업고 아파트 좁은 공간이나마 돈다. 시누대 밭을 지나는 바람 소리와 뭔지 들으면 자꾸만 슬퍼지는 자장가가 없는 대신에 고향의 육자배기 판을 전축에 걸어 놓고 볼륨을 낮춘다.

"옛날 옛날에……."

심청이를, 흥부·놀부를 이야기하다 보면 아이는 어느새 잠이 든다. 아아, 저들에게 황홀감을 느끼게 하는 비교급은 무엇일까?

만화 속의 하늘을 나는 마징가, 삐삐가 아닐까. 서글퍼지기도 하지만 아이들의 몸 속에도 분명 우리의 한 서린 황토 빛깔의 정서가 다소나마 괴어 들 것이라고 자위해 본다.

완행열차

　누구나 한 번씩은 타보았을 것이다.
　6·25전쟁 때 열차 지붕 위에 앉아 본 사람들은 〈이별의 정거장〉이나 〈비 내리는 호남선〉에 애수를 느낄 것이며, 1960년대 보릿고개를 넘느라고 혹은 70년대 청운의 꿈을 안고 도회지로 찾아들었던 젊은 이들은 〈나그네 설움〉이나 〈고향역〉 등의 유행가에 남다른 감회를 느낄 것이다.
　오늘도 시골의 간이역에는 어떠한 이유로든 고향을 떠나는 사람들이 새벽부터 산굽이를 돌아오는 기적 소리에 가슴을 설레며 서 있을 것이다.
　한편에서는 자식을 떠나보내는 아버지의 걱정이 철로 따라서 아스라이 이어질 것이고, 더러는 임을 떠나보내는 이들의 여린 아픔이 시그널 주변에 낙수처럼 고이고 있으리라.
　완행열차를 타기로 마음먹었을 때 한 번 더 읽히는 편지가 있었다.

발신인이 밝혀져 있지 않은 원고. 일부인만이 '이리(익산)'라는 것을 밝히고 있을 뿐이었다.

 악아, 오늘도 에미는 너가 보고 싶어서 역에 나가 있었다. 와 닿는 열차의 어느 칸에서고 금방이라도 너가 엄마를 부르며 뛰어내릴 것만 같더구나.
 악아, 에미는 지금도 너가 떠나던 날을 생생하게 기억하고 있다. 그날따라 웬놈의 진눈깨비가 그렇게 뿌렸는지……. 그러나 너는 오버 하나 걸치지 못하고 홑옷 바람으로 열차에 올랐었지. 남들은 배우러 간다는데 너는 원수 놈의 돈을 벌겠다고 가는 길이었으니 보내는 에미 마음은 어떠했겠느냐?
 처음에는 시다로 일한다더니 곧 미싱사 보조가 되어서 월급도 올랐다고 좋아라 한 네 편지를 받은 것이 엊그제 같구나. 월급을 받으면 먹고 싶은 거, 입고 싶은 거 풍족히 쓰라고 그렇게 일렀어도 너는 매달 월급을 봉투째 부쳐 오곤 했지.
 악아, 이번 구정에 네가 내려온다기에 에미는 옷감을 떠놓고 기다리고 있었단다. 전번에 보내온 사진을 보니 얼굴이 많이 상한 것 같아서 보약도 좀 먹이려고 벼르고 별렀는데 이게 무슨 청천 벼락이냐?
 연탄가스에 중독되어 네가 먼저 떠나가다니. 이게 진정 사실이란 말이냐. 썰렁한 자취방의 윗목에 놓여 있던 라면 봉지가 지금도 눈에

선하다.

 악아, 저승에 가서는 이승의 이런저런 슬픔을 잊어버리고 구중궁궐 귀한 손으로 태어나거라. 그러면 이 에미가 시녀로 환생하여 네 시중 드는 것으로 이승의 한을 풀겠으니…….

 용산역발 목포행 181호 완행열차는 아침 6시 45분에 출발했다. 구정이 며칠 남지 않은 때라 차는 귀성객들로 만원이었다.
 유난히도 가방이나 보퉁이를 든 이들이 많았고, 처음 넥타이를 매어 보는지 고개 놀림이 부자연스러운 젊은이가 간혹 눈에 띄었다. 그리고 한 가지, 어느 차보다도 여기에서는 쉽게들 말문이 열리고 있었다.
 "여기에 좀 걸터앉아도 될까요?"
 "그러세요."
 "이거 미안합니다."
 "뭘요. 서로 고생하며 가는 처진데요, 뭘."
 두 사람 자리에 세 사람이 앉고, 그리고 팔걸이 난간조차도 가볍게 양보되는 객석.
 판매원이 밀차를 밀고 와도 불평 없이 길이 열린다.
 "지나갑시다. 미안합니다."
 "괜찮소. 벌어야 묵고 살지라, 잉."
 차가 덜커덩거리며 한강 철교 위를 지난다. 문득 나는 가라앉는 분위기 속에서 마음 저 안쪽으로부터 묻어 오는 실비를 느꼈다.

그렇다. 모두들 이 철교를 처음 건너오던 날의 가슴 두근거리던 일을 생각하고 있을지 모를 일이다. 미지에 대한 기대와 초조와 공포에 의한.

사실 더러는 이 다리를 건넌 뒤, 좌절에 떠밀려서 비탈진 변두리를 전전한 사람도 있을 것이며, 고향 친구 그리움에, 부모 형제 생각에 남몰래 운 사람들도 적지 않을 것이다.

내가 처음 말을 건네 본 사람은 영등포역에서 기차에 오른 몸집이 큰 아가씨였다. 그녀가 든 가방과 보퉁이를 선반 위로 올려 주면서 왜 이렇게 무거우냐니까 그저 얼굴을 붉히고 웃기만 했다.

그러나 나는 그녀가 고향인 조치원역에 닿기 전에 그녀의 간단한 이력과 짐 내력을 듣게 되었다.

충남 조치원역에서 20여 리 떨어져 있는 농촌 출신으로 면 소재지에 있는 중학교를 4년 전에 나왔으며, 친구 소개로 1973년 초에 상경, 구로구 가리봉동에 있는 전자 회사에서 검사 일을 보고 있음.

짐은 어머니한테 드릴 전기밥솥, 그리고 스웨터. 아버지한테 드릴 것으로는 전기 안마기를 샀으며, 고등학교에 입학하는 동생 몫으로 입학금과 외투.

특이한 것으로는 기숙사에서 남들이 버린 헌 스타킹을 50여 켤레 싸간다고 한다. 봄에 시골에서 고심을 때 그걸 신으면 거머리한테 물릴 염려가 전혀 없다는 것.

서대전을 지나면서부터 눈발이 날리기 시작했다.

사람들이 제법 빠져나가서 헐렁했고, 하나 둘씩 기지개를 켜는 사람들이 늘어나고 있었다. 그동안 좀 수선스러운 일이 있었다면 차가 신탄진을 지날 무렵이었다.

표 검사가 진행되는 동안 중간쯤에 앉아 있던 어떤 할아버지와 할머니가 표를 잃고 쩔쩔매었다. 주머니란 주머니는 다 뒤지고 나중에는 할아버지가 한복의 고의춤까지 까뒤집어 보았지만 허사였다.

단돈 620원짜리 표 두 장에 노인 부부가 진땀을 흘리는 것이 보기가 딱했던지 여객 전무는 그냥 건너 칸으로 넘어가고 말았다. 그런데 엉뚱하게도 표는 할아버지의 털모자 귀퉁이에서 나타났다.

그러자 할머니가 한사코 표 검사를 받겠다고 다음 칸에까지 쫓아가는 통에 객석에서는 한바탕 웃음 파도가 일었다.

나는 졸음에서 깨어나는 사람들을 눈여겨보다가 의외에도 완행열차 승객이 대부분 중년층 이상인 것을 발견했다. 오히려 돈을 얻어 쓰며 배우는 학생들은 특급이나 우등 열차로 편히 가고 있을지도 모를 일이었다. 실제 소득층이라고 할 수 있는 그들의 부모들은 이렇게 완행열차에 시달리며 가는데…….

열차가 두계, 연산을 거쳐서 논산을 지날 때는 완연히 점심 나절이었다. 차창으로 연기가 오르는 민가의 굴뚝들이 보이기 시작했고 행상들이 자주 올라왔다가는 내려가곤 했다.

앞자리에 앉은, 서울에 가서 장사 물건 떼온다는 다주머니가 비닐가방 속에서 찐 계란을 꺼내 놓았다. 그러자 내 옆에 앉아 있던 할머니가 깜빡 잊을 뻔했다며 수원 딸네 집에서 싸주었다는 김밥 꾸러미를 펼쳤다.

사양하는 사람에게도 두 번 세 번 거듭 권하는 인심. 우리 울타리 낮은 서민들 간의 따뜻한 풍습. 이러한 것을 진정 우리의 것이라고 할 수 있지 않을까.

나는 음료수를 마시면서 여객 전무의 안내 방송을 들었다. 용산역을 떠난 지 6시간 25분 만에, 정시보다는 18분 늦게 역에 도착하게 되었다는 설명이었다.

출구 위에 매달린 시계는 1시 10분을 가리키고 있었다. 회색 하늘로부터 세차게 뿌려지는 바람 속에 서서 이쪽을 열심히 살피고 있는 사람들. 머리가 짧은 여학생도 있었고, 아주머니도, 노인도 있었다. 안경을 쓴 젊은이는 마중객을 발견했는지 깃발처럼 손을 흔들어 댔다.

"추운디 뭣으러 나왔냐?"

아주머니는 아들인 듯한 아이를 끌어안았고, 젊은 남녀는 손을 잡고 원을 그렸다. 역시 만난다는 것은 즐거움일 것이다.

그래도 여전히 한쪽에 서성거리는 사람들은 남았다. 승객들이 썰물처럼 다 빠져나가고 없는 출구 앞에.

저 가운데 나한테로 원고를 부친 아주머니도 섞여 있을까? 딸의 시녀로 환생하여 이승의 한을 풀겠다는 그 아주머니가.

어차피 인생은 열차이며, 이 세상은 역인 것. 서로가 끊임없이 떠나보내며 기다리는 것이 삶, 그 자체가 아닐까.

비닐봉지와 신문지가 구겨져 있는 텅 빈 역전에서 서성거리는 내 그림자가 길다.

당신을 찾아서

아침 산책을 다녀 왔습니다.

내가 살고 있는 동네에서 반 시간 정도 걸으면 호암산이라고 하는 산이 거기 있는데 품이 제법 깊습니다. 오늘 같은 날은 온통 낙엽이 쌓여 있어 오솔길에 발목이 빠지기도 하였지요.

봄에 움터서 한여름에 영화를 자랑하다가 가을에 쇠락하여 져버린 나뭇잎들. 이제 나무는 맨몸 자체로 이 겨울을 나야 하겠지요. 사계절 중 가장 추운 때를(사람들은 겹겹이 껴입고 사는 철에) 알몸으로 나는 나무들에게서 우리는 무엇을 배워야 할까요?

겨울 나무들은 우선 가식이 없습니다. 그리고 눈보라와 같은 매운 꾸짖음을 겸허히 받아들입니다. 더러는 썩은 부분을 부러뜨려 버리기도 합니다.

겨울날 한밤에 밖에 나가 보면 저 하늘의 반짝이는 별을 바라보면서 조용히 기도하고 있는 듯한 자세의 나목들을 볼 수 있을 것입니다. 한 점 부끄러움 없는 모습은 저 12월의 나무와 같은 것이지 않겠습니까.

우리 인간들은 그러나 얼마나 영악스러운지요? 해마다 12월은 성탄절이 있는 달이라 당연시하고 그날의 행사 치장에만 바쁘게 움직이는 현대인들입니다.

주님이 오심은 공휴일의 붉은 표시를 두르고 달력 속에 못 박혀 있을 뿐입니다.

나무들이 나뭇잎을 지우듯 그렇게 깨끗이 죄를 씻고 진실로 주를 기다리는 이 얼마나 되며, 썩은 부분을 잘라서 버린 이 얼마나 되는지요?

눈보라와 같은 매운 꾸짖음이 성당에서 있다고 하면 누가 그곳을 찾기나 할는지요?

하느님이여, 당신께서는
당신의 백성 야곱의 가문을 버리셨습니다.
그 집은 동방의 무당들로 가득 찼고 블레셋처럼 점쟁이들이 득실거립니다.
그들은 이방인과 손을 잡았습니다.
그 땅은 은과 금, 그리고 셀 수 없는 보화로 가득 찼습니다.
그 땅은 군마와 무수한 병거로 차고 넘칩니다.

그 땅은 우상들로 차 있으며,
그들은 자기들의 손으로 만든 것을 예배하고
그 손가락으로 만든 것 앞에 꿇어 엎드립니다.
이렇듯이 사람이 스스로 낮아졌고, 인간은 천해졌습니다.
그들을 용서하지 마소서.
— 〈이사야〉 2장 6~9절

누가 일부러 낮춘 것이 아니라 스스로(제가 저를) 낮아진 사람들. 누가 천하게 만든 것이 아니라 스스로(제가 저를) 천해진 사람들.
 나무들의 거리에는 맑은 바람이 있습니다. 나무들의 거리에는 지순한 낙엽들이 있습니다.
 그러나 우리 사람들의 거리에는 오늘도 거간꾼들이며 푸닥거리 패들이 득실거리고 있습니다. 황금으로 도금한 사고방식의 우상을 머릿속에 각인해 넣은 지 오래됩니다.
 우리들 손으로 만든 텔레비전에게 혼을 빼앗기며 살고 있기도 하지요. 근래에는 컴퓨터라고 하는, 우리들 손가락으로 만든 것 앞에서 서서히 함몰되어 가고 있는 현실입니다.
 작년 12월 어느 날이었습니다. 지금은 대학에서 은퇴해 조용히 여생을 보내고 있는 교수님 댁을 방문하였습니다. 거실에서 함께 차를 마시고 있는데 전화벨이 울렸습니다.

수화기를 집어 든 교수님의 뺨에 전에 없이 붉은빛이 떠올랐습니다.
"아, 그래요. 정말 감사합니다."
교수님은 조용히 창의 커튼을 젖히면서 말하였습니다.
"보시오. 첫눈이 옵니다. 참 아름답지요?"
나는 수백만 마리의 흰나비 떼처럼 눈발이 날리는 창밖을 보면서 물었습니다.
"조금 전에 온 그 전화가 그럼?"
"그래요. 친구가 첫눈이 온다고 알려 온 전화였지요."
가만가만히 늙어 가면서 서로 아름다운 것을 전화로도 통지해 주는 그분네들의 따뜻한 우정에 조용히 젖어 있는데 교수님이 이런 말을 하였습니다.
"눈은 매양 같은 눈입니다만 첫눈이 유독 아름답게 느껴지는 것은 왜 그럴까요? 물론 첫눈에 특별한 추억을 가지고 있는 사람도 있겠지요. 그러나 아무런 인연이 없는 사람도 첫눈은 아름답다고 합니다. 그것은 첫째라는 데 있는 것이지 않을까요? 첫사랑도, 첫 여행도 감미로운 추억입니다. 이렇게 첫 마음에는 진정이 있습니다. 사랑이 있어요. 닫혀 있는 마음이 아니라 열려 있는 마음이지요. 이 마음을 우리가 날마다, 순간마다 회복하고 살면 참으로 아름다운 삶이 되겠지요."
그렇습니다. 눈이 거듭 내림으로 해서 처음의 순수한 반가움이 묵어져 버리는 것처럼 첫 만남의 두근거림도, 첫차에 대한 환희도 이내 일상의 늪에 빠져 버리고 마는 우리들입니다. 진정은 이내 가식으로 변하며, 사랑은 유한하며 갇혀 버린 마음속은 어둡기만 합니다. 이 마음에 빛이 들어야 할 때입니다. 그것은 거듭나는 첫 마음. 하찮은 눈발 하나에도 환희가 어리는 감격을 다시 찾아야 하는 일입니다. 우리가 처음 세례 성사를 받고 예수님의 빵을 나누며 가슴 메던 날이 불과 언제입니까.

나는 교리 재수상이었습니다. 신부님께서 8월의 성모님 대축일을 앞두고 영세자 면접을 하였었지요.

"어때요? 자신 있으십니까?"

이렇게 신부님이 물어 오자 갑자기 온몸에 힘이 썰물처럼 쭉 빠져 버리던 경험이 있습니다. 이내 나는 고개를 가로저었고 그리하여 다시 넉 달 동안의 교리 공부를 하였는데 사실은 그때가 가장 행복하였던 것 같습니다.

그저 날마다 교과독이 신비하기만 하였고, 무엇에고 불이 댕겨지는 관솔이 된 듯한 기분이었습니다. 전나무를 스치고 가는 겨울바람 소리를 배경에 깔며 교리반 수녀님이 읽어 주시던 예수님 말씀이 귀를 쟁쟁 울리었지요.

"너희는 허리에 띠를 띠고 등불을 켜놓고 준비하고 있어라. 마치 혼인 잔치에서 돌아오는 주인이 문을 두드리면 곧 열어 주려고 기다리고 있는 사람들처럼 되어라. 주인이 돌아왔을 때 깨어 있다가 주인을 맞이하는 종들은 행복하다. 그 주인은 띠를 띠고 그들을 식탁에 앉히고 곁에 와서 시중을 들어 줄 것이다. 주인이 밤중에 오든 새벽녘에 오든 준비하고 있다가 주인을 맞이하는 종들은 얼마나 행복하겠느냐? 생각해 보아라. 도둑이 언제 올지 집주인이 알고 있었다면 자기 집을 뚫고 들어오지 못하게 하였을 것이다. 사람의 아들도 너희가 생각지도 않은 때에 올 것이니 항상 준비하고 있어라."
— 〈루가의 복음서〉 12장 35~40절

    그러나 지금은 어떻습니까? 주인이 돌아와서 문을 두드려도, 두드려도 잠들어 있는 사람이지 않습니까? 등잔에 기름이 다 닳은 것은 두말할 것도 없고, 주인이 아니라 도둑이 집을 뚫고 들어와도 모르고 있는 사람이지 않습니까?
    교회에서는 12월을 새해의 첫 달이라 합니다. 끝이면서도 시작하는 신비의 12월. 이달에 우리는 그만 잠에서 깨어나야 하지 않을까요?
    세례 성사를 받던 날의 복받치던 감격을 되살려서 그때의 그 마음이 늘 본마음이 된다면 진실로 우리는 행복하다 하지 않을 수 없을 것입니다.
    몇 해 전 일입니다. 사진작가 한 분의 안내가 있어서 서울의 난지도에 갔었지요. 그곳에서 가난한 사람들과 함께 쓰레기 뒤지는 일을 하면서 살고 있다는 수녀님들을 만나 보고 싶었기 때문입니다.

마침 눈이 온 뒤에 햇볕이 따뜻하게 나고 있어서 진흙 속에 신발이 푹푹 빠져 들어갔습니다. 앞서 걸어가던 사진작가 분이 "이래서 이곳에선 마누라 없이 살아도 장화 없이는 못 산다고 한다"고 했는데 나도 수긍이 가는 말이었습니다. 그분은 또 이런 경험담도 들려주었습니다.

오토바이를 타고 몇 번 난지도에 왔는데 그때마다 헬멧을 벗어서 오토바이 위에 올려 두고서 볼일을 봐도 없어지지 않던 헬멧이 서울의 소위 부촌이라고 일컬어지는 영동에서는 벗어 둔 지 딱 10분 만에 없어져 버렸다는 것입니다.

참으로 많은 것을 생각게 하는 일화였지요. 빈 마을의 맑음과 가득 찬 마을의 혼탁함을 극명하게 보여 주는 이야기 아닙니까.

산처럼 높은 쓰레기장 일터로부터 뉘엿뉘엿 해를 지우고 돌아온 수녀님 두 분이 문을 따준 곳은 시에서 그곳 주민들을 위해 지은 간이 막사 내의 한 칸이었습니다.

세 평이 채 못 되는 공간을 현관과 부엌으로 한 평, 또 한 평은 성당으로, 그리고 나머지를 숙소로 쪼개 쓰고 있었습니다. 차를 내온 찻잔이 그럴듯해 보여서 어디서 난 거냐고 했더니 쓰레기 속에서 주운 것이라고 했습니다. 그러고 보니 방에 깔아 놓은 카펫이며 열을 내고 있는 난로 등이 모두 어느 부잣집에서 버린 것을 재생해 쓰고 있는 것이어서 묘한 기분을 느꼈지요.

　내가 본 지금까지의 성당 중에서 가장 작은 그 난지도 수녀님들의 한 평짜리 성전에 계시는 아기 예수님은 테가 떨어져 나가고 없는 헌 대바구니 살에 의지해 누워 계셨습니다.

　그때 문득 내 머리에 떠오르는 동화가 있었습니다. 도스토예프스키의 〈주님 곁으로〉라는 작품이지요.

　소년은 음산한 여인숙의 불기 하나 없는 지하 방에서 일어납니다. 소년은 벌써 여러 번 간이침대로 가보았습니다. 찌부러진 침대 위에는 그의 병든 어머니가 누더기 요를 깔고 베개 대신 여행 보따리를 베고 누워 있지요. 그녀는 벌어먹고 살기 위하여 소년을 데리고 시골에서 낯선 도시로 올라왔다가 갑자기 병이 난 것입니다.

　소년은 먹을 것을 찾아보려고 하나 한 조각의 빵도 구하지 못합니다. 벌써 밖은 어두워졌는데 누구 하나 등불을 켜주는 사람도 없습니다. 소년은 헌 모자를 들고 지하 방에서 나옵니다. 무조건 불빛이 보이는 곳을 향해 걷습니다.

　거리에는 수많은 불빛과 사람들, 그리고 마차들이 질주합니다만 누구 하나 소년을 거들떠보지도 않습니다. 순찰을 돌던 경찰이 그를 지나칩니다. 경찰은 소년을 보지 않으려고 외면을 하고 갑니다. 큰 유리창 너머의 가게 안에 크리스마스트리가 찬란하게 빛나고 그 곁에서 뛰노는 아이들은 꿈속처럼 아름답습니다.

소년은 또 다른 창문으로 어느 가게 안을 들여다봅니다. 거기에는 시골의 나뭇단처럼 케이크가 가득 쌓여 있습니다. 소년은 그곳으로 들어가려고 했다가 한 부인한테 들켜서 쫓겨납니다.

소년은 고픈 배 때문에 허리를 구부리고 호호 언 손에 입김을 불면서 자꾸만 걷습니다.

이번에는 인형 가게 앞에 멈추어 섭니다. 진짜처럼 움직이기도 하는 인형한테 넋이 팔려 있는데 경비인 듯한 험상궂게 생긴 사내가 달려와서 다짜고짜로 소년을 때립니다. 소년은 쓰러졌다가 간신히 일어나 도망합니다.

어느 낯선 집 뜰 안으로 기어 들어가 장작더미 뒤에 몸을 숨깁니다. 소년은 그곳에서 편안함을 느낍니다. 소년은 아까 가게 앞에서 보았던 크리스마스트리와 케이크와 인형을 생각하면서 눈을 감습니다.

갑자기 소년 앞에 수많은 불이 보입니다. 그리고 어머니인 듯한 분의 따뜻한 손에 이끌리어 음악 소리 은은하고 빛이 찬란한 곳으로 나아갑니다.

그곳에는 이미 아기 바구니 속에서 얼어 죽었거나 메말라 버린 어머니의 가슴에 안긴 채 죽은 아이들이 와서 소년을 반기고 있습니다.

"여기입니다. 주여, 이리 오소서."

비어 있어서 차라리 아름다운 난지도와 같은 마을에. 물이 스치기만 하여도 배는 햇솜 같은 진실 가득한 이들에게. 나뭇잎을 지우듯 그렇게 죄를 지우고 별을 우러르는 나무처럼 한 점 부끄러움 없이 기다리고 있는 이들에게. 첫 만남의 가슴 메던 감격을 회복한 이들에게. 캄캄한 밤중 마을에서도 깨어나 의를 지키며 사는 이들에게.
　그리하여 진실로 달력 속에 공휴일 하루로 못 박혀 있는 주님 오신 날이 해방되어 날마다가 당신의 날이게 하소서.

하느님은 동화이시다

얼마 전에 〈하느님은 음악이시다〉라는 짧은 글을 본 적이 있다. 이 이론가는 모차르트의 음악을 분석하면서 이와 같은 주장을 정리하였는데 나는 문득 동화를 쓰는 한 사람으로서 '음악'을 '동화'로 대체하고 싶은 충동을 받았다.

'하느님은 동화이시다.'

이 얼마나 합당한 이치인가.

우리들 육신의 고향이 출생지나 어머니를 말한다면 영혼의 고향은 동심(童心)이므로 이를 기조로 한 동화야말로 하느님, 그 의의에 해당하는 것이다.

다만 오늘의 작가들이 여기에 미치는 작품을 쓰지 믓하는 동안에 동화 본래의 영역이 위축당하고 있을 뿐이다.

어린이들이 인류의 미래라는 데는 두말할 여지가 없다.

세기적 위기로부터 그래도 인류가 오늘까지 발전되어 오는 것은 샘물이 솟아 나오듯이 어린이들이 끊임없이 태어나 '사람 갈이'를 하고 있기 때문이다.

하물며 이들(어린이)에게 양식이 되는 동화의 중요성을 새삼 일러 무엇하랴.

수피교의 경(經)에 "있는 것은 절대로 선하다"는 경구가 있다. 이는 악한 것은 있어도 있는 것이 아니다라는 설명이 따르는 말이겠는데, 나는 동화야말로 '있는 것을 있게 하고 없는 것을 없게 하는 인류 존재 지향의 문학'이라고 생각하는 사람 중의 하나이다.

우리나라에도 번역되어 소개된 바가 있는 독일의 미하엘 엔데의 《모모》를 비롯한 일련의 동화들이 그 당시 암울했던 유럽 사회 분위기를 바꾼 전환점으로 평가하는 서구 사회학자들이 있다.

이는 베를린 장벽에 대치한 동서의 냉전과 핵무기, 그리고 급속한 산업화가 초래한 사회 불안을 동화 문학 특유의 환상적 기법에 의한 인간성 회복의 메시지에 의해 개개인의 마음속에 평화의 의지를 구축하게 한 결과라고 본다.

우리의 현실 또한 이와 다를 바가 없다.

남북으로 나뉜 대치와 냉전 상황, 급속한 산업화에 연유한 가치관의 혼란, 미아가 되어 버린 인권, 정치와 사회의 불안이 어느 때보다도 팽배해 있지 않은가?

다만 이를 위로해 주고, 가치관을 정립해 주며 평화를 조성케 하는 작품이 나타나고 있지 않을 뿐.

일찍이 몽테뉴는 "어린이를 가르치는 것은 그릇을 가득 채우는 것이 아니라 불을 지피는 것이다"라고 정의했다. 이 관점으로 본다면 우리들은 그동안 그릇을 채우려는 작의에서 깨어나지 못하고 있다고 봐야 할 것이다.

권선징악과 동심 예찬의 매너리즘, 황당무계한 우화성에다 상업성을 의식한 일부 출판업자들에 의한 저질 도서 물량주의는 양식 있는 동화 작가들의 설 자리를 잠식해 온 요인 중의 하나도 지탄받아야 마땅할 것이다.

여기에서 나는 동화가 꼭 어린이의 영역에만 국한되어야 하는 것이냐를 짚고 넘어가고자 한다.

일찍이 안데르센도 "동화가 성인을 수용하지 못하고 있는 것은 작가의 책임이다"라고 했다.

사실 그의 작품, 그러니까 〈임금님의 옷〉을 비롯한 일련의 동화들은 어린이들이 차지해 버린 것이지 어른들이 외면하지 않았었다.

프랑스의 작가 디셀 투르니에는 그의 평론 〈어린이의 문학은 따로 있는가〉에서 이렇기 적고 있다.

"페로의 동화집, 라퐁텐의 우화집, 루이스 캐럴의 앨리스, 그림 동화집, 안데르센 동화집, 동방의 전설들, 셀마 라게를뢰프의 〈닐스의 대모험〉, 그리고 생텍쥐페리의 《어린 왕자》.

그런데 이 중에서 셀마 라게를뢰프만 빼놓고는 이 작가들이 전혀 어린 독자를 겨냥하지 않았다는 점을 상기해야 할 것이다.

그들은 천분을 지녔기에, 도달하기 어려운 희한한 솜씨로써 그토록 훌륭하고 해맑고 간결하게 글을 썼을 따름이고, 따라서 어린이들조차도 읽을 수 있게 된 것이다.

미셸 투르니에는 '어린이들조차도'라고 하는, 우리들에게는 충격적으로 받아들여질 표현을 쓰고 있다. 이 사람은 여기에서 한 걸음 더 내디뎠는데 그 대목은 이렇다.

"셰익스피어, 괴테, 그리고 발자크는 내 눈에는 용서받을 수 없는 흠으로 얼룩져 있는 것 같다. 그것은 바로 어린이들이 그들의 작품을 읽을 수 없다는 사실이다."

각자의 문학관에 따라서 작품의 성향에 얼마든지 다양성이 인정되고 거기에서 새로움을 창조하는 것이 문학 예술의 위대성이다.

나는 내 동화의 역할을 '인간의 삶을 위로해 주고 보다 승화시키는 데'에 두고 있다.

개인적으로는 지금까지의 내 주제가 좀 더 강렬하지 못한 것에 불만이 없는 것은 아니지만 그 부문은 그쪽 성향에 맞는 분들이 창작해 보여 주리라 믿고 나는 나의 길, 곧 '하느님은 동화이시다'를 추구하고자 한다.

 어둠보다는 밝음을, 추함보다는 아름다움을, 육신보다는 정신을, 양보다는 질을.

 그리하여 무기의 늪, 동과 서의 이데올로기조차도 마침내 해제시킬 수 있는 동화가 써졌으면 한다.

 이 지구 어디에도 그 유례가 드문 우리 분단의 비무장 지대에 나의 왕자에 의한 무장 해제를, 통일을 도래케 하고 싶다.

4
연습이 없는 인생 극장

오늘의 우화

얼마 전에 나는 우화를 하나 썼다.

그 우화는 1960년대에 서울로 막 올라온 사람이 시골 친구에게 엽서를 띄우는 것으로부터 시작한다.

"서울 사람들의 오직 한 목표는 일자리일세. 일자리를 얻기 위해 몰려다니는 비참함이란……."

그는 1970년대에 들어서 다시 이런 엽서를 시골 친구에게로 띄웠다.

"서울 사람들의 현재 목표는 돈일세. 돈이 된다면 몸도 정신도 다 팔아 먹는다네."

1980년대가 오자 그는 또 한 장의 엽서를 띄웠다.

"서울 사람들의 지금 목표는 권력일세. 줄을 잡기 위해 사냥개처럼 코를 큼큼거리며 뛰어다니는 사람들 천지일세."

1990년대가 당도하자, 그는 이번에는 이런 엽서를 띄웠다

"서울 사람들의 현재 목표는 스피드일세. 1분 먼저 가기 위해 과감

히 목숨까지도 건다네."

그러자 시골 친구로부터 엽서가 날아왔다.

"그렇게 위험을 무릅쓰고 번 1분을 어디에 쓰는지 그 용도를 알려 주면 고맙겠네."

이 우화의 끝은 시골 친구에게 보내는 답신으로 맺었다. 곧 "다방에서 차를 마시며 노닥거리기도 하고, 텔레비전을 보기도 하고, 화투를 치기도 하고, 입 벌리고 조는 데도 쓰고 그런다네"라고.

물론 현대는 사정이 통하지 않는 컴퓨터(님) 때문에 마감 시간 1분 전 피가 마르는 듯한 다급한 분이 있기도 하다는 것을 모르는 바는 아니다.

문제는 처음에는 남보다 더 좀 나아져 보려고 시작한 달리기가 지금은 자신이 왜 이렇게 달려야 하는지를 생각할 겨를도 없이 남이 달리니까 나도 달린다는 데 있다(어떤 면에서는 저승까지도).

더 빨리 가기 위해 신호가 풀리기 수초 전에 자동차의 액셀러레이터에 발을 올려놓는 사람들로 꽉 차버린 우리 현실.

이탈리아가 한창 기계 문명과 산업화 열병에 휩쓸려서 정신이 없었을 적에 이런 칸초네가 젊은이들 사이에서 조용히 번졌었다고 한다.

뛰지 마, 그러면 너는 볼 수 있을 거야.
네 주위의 많은 아름다운 것들을.

꽃 속에 사랑이 가득한 세계가 있는 걸 모르니?
뛰지 마, 그러면 너는 찾을 수 있어.
길가 돌 틈의 너만을 위한 다이아몬드를.
멈추어 서면 알 수 있을 거야.
너는 많이 뛰었지만 항시 그 자린 것을.

그렇다. 앞뒤를 살펴볼 겨를도 없이 소유와 안락을 향해 "바쁘다, 바빠"를 외치며 달려온 우리가 이제부터 되어야 할 것은 "천천히, 천천히"이다.

우리들 본래의, 간혹 멈춰 서서 먼 산을 바라보는, 조금은 빈 듯한 여유, 그리고 논두렁길에서 서로 마주쳤을 때 짐 진 사람이 먼저 가도록 비켜 주던 그 덕으로 저 반가 사유상의 미소를 회복하여야 이 악성 스피드 재난을 면한다.

그리하여 먹기 위하여 나는 것이 아니라, 자신을 극복하기 위해 무리로부터 떨어져 날기를 힘써서 마침내 사랑과 진리의 법을 준수하는 사람들의 상징이 된 '갈매기 조나단'의 삶을 살아갈 때, 비로소 우리는 오늘을 온전히 살고 있다고 말할 수 있을 것이 아닌가.

신호등 앞에서

오늘의 우리는 집단 최면에 걸려 있는 것 같다. 당신이나 내가 초등학교 1학년 때 배웠던 정직, 근면, 정의, 예의, 이런 낱말은 국어사전 속에 잠든 지 오래다. 현대인은 어떻게 하든 돈이 많아야 하고, 근엄한 명예에 의해 번지르르한 얼굴이 되어야 한다는 강박 관념에 떠밀려 그저 달리고만 있는 것이다.

오쇼 라즈니쉬는 이런 말을 남겼다.

"잠자고 있다. 사람들은 잠자고 있다. 이 잠은 보통의 잠이 아니라 형이상학적인 잠이다. 분명 깨어 있다고 생각할는지 모르지만 그대는 잠자고 있다. 눈꺼풀을 크게 열고 거리를 활보하고, 사무실에서, 길에서, 그리고 일을 할 때에도 그대는 잠자고 있다. 그대는 어디서나 잠자고 있다."

당신이 나한테 오늘의 사람들에 대해 말하라면 나는 이렇게 말하겠다.

"최면에들 걸려 있다. 아기들만 빼고 사람들은 모두 비정상적인 최면에 걸려 있다. 이 최면은 마술사가 건 최면이 아니라 현대인들의 욕망의 최면이다. 보다 아름답게 보이고자 본래의 얼굴을 뜯어고치고 보다 섹시하게 보이고자 밥을 굶고 있다. 일확천금을 노려 복권을 사고, 증권가에 간다. 정직하면 뒤진다. 근면하여 언제 부자가 되는가. 정의나 예절은 골동품이다. 현대인은 밟히고 밟으면서 올라가야만 하는 것이다. 돈을 좇는 일이라면 셰퍼드처럼 나서고 지위를 얻는 일이라면 똥개처럼 비굴해도 좋다. 오늘도 거리에는 최면 걸린 사람들의 달리기 경주가 한창이다."

이 최면에서 깨어나기 위해서라면 잠시 걸음을 멈추어 주기 바란다. 물론 당신은 늦는다고 불안해할 것이다. 지금이 어느 때인데, 지금의 한 시간 뒤지는 것은 과거의 1년을 허송하는 것과 마찬가지라고 항변할지도 모른다. 에스컬레이터의 대열에서 이탈한, 숨가쁘게 쫓아야 하는 외톨이가 되게 하려느냐고 안달할지도 모른다.

그러나 젊은 친구여! 나는 묻고 싶다. 당신의 인생 목표는 무엇인가? 그 목표를 처음 세웠을 때 당신은 얼마나 순수하였는가? 당신이 조금 뒤돌아본다 하여, 아니 당신이 지금 발걸음을 멈췄다고 하여 당신의 목표에 큰 문제가 생기는가? 혹시 당신은 처음 내놓은 당신의 마음과는 관계없이, 옆에 사람들이 다들 뛰니까 덩달아 뛰고 있는 것은 아닌지 생각해 볼 필요가 있다.

당신의 목표가 만일 '행복'이라면 나한테는 할 말이 좀 더 있다. 어떤 시인이 읊었던 것처럼 행복은 '산 넘고 물 건너'에 있는 것이 아니다. 산 넘고 물 건너에 행복이 있는 줄 알고 그렇게들 열심히 달리고 모으고 임명장을 받아 갔지만 다들 상이용사가 되어 돌아와 무덤 속에 묻혔다. 그리고 행복은 백발이 휘날리는 인생의 종착역에서 기다리고 있는 것이 아니다. 백발이 휘날리고 준비가 다 된 상태가 아닌 불확실한 내일 중의 어느 날에 갑자기 '부름'을 받는 이들이 얼마나 많은가.

얼마 전에 우리나라에도 공연차 왔다 간 세기의 테너 호세 카레라스를 당신도 기억할 것이다. 그런데 이 사람이 1987년에 백혈병에 걸려 삶과 죽음의 문턱을 넘나들었다는 사실은 모르는 사람이 많다. 골수 이식이 성공해 재기의 가수 활동을 하고 있는 이 사람은 행복에 대해 이렇게 말한 적이 있다.

"내가 예전에 중요하다고 생각했던 것들은 이제 하나도 중요하지 않다. 돈과 명예 모두. 전에는 도시에서 도시로, 극장에서 극장으로 옮겨 다니는 일이 행복하다고 생각했었다. 그러나 이제 내가 얼마나 많은 것을 그런 생활 속에서 잃어버렸는지 깨달았다."

그는 새삼스레 되찾은 행복이 자녀들과 함께하는 놀이 속에, 친구들을 만나는 기쁨 속에, 그리고 백혈병 환자들의 치료 기금을 마련하기 위해 노래할 때 있다고 했다.

컴퓨터에 의해 인류는 진보했지만 행복이 가까워진 것은 아니다. 인터넷에 의해 정보는 엄청나게 빨라졌지만 그렇다고 행복이 1분 안에 화면에 떠올라 온 것은 아니다. 어쩌면 컴퓨터와 인터넷에 의해 더욱 통제되고 더욱 바빠야 하는 노예로 전락하고 있는 것은 아닌지 당신은 생각해 보아야 한다.

이런 옛 우화가 있다. 어느 마을에 우물이 있었는데, 그 우물에서 사람을 미치게 하는 물줄기가 새어 들었다. 차츰 그 우물물을 마신 마을 사람들은 모두들 정신이 정상이 아니게 되었다. 그런데 우물물의 독성을 알아차린 오직 한 사람만이 제정신이었다. 그러나 마을의 비정상인들이 정상인더러 미쳤다고 손가락질을 해대자 정상인이 오히려 미친 사람 취급을 받게 되었다는 것이다.

오늘의 현대 사회에서 집단 최면에 걸린 대다수의 사람들이 최면에 걸리지 않은 당신을 향해 조롱하고 질시할지도 모른다. 그러나 소나무의 푸름은 잡목의 잎들이 모두 떨어졌을 때 돋보이는 법. 청정했던 첫 마음을 구하라. 그리하면 당신은 지금 당장 행복을 걷을 것이다.

피정

여름 휴가를 갔다 온 사람들에겐 정치적 표현으로 한다면 '유감으로 생각' 된 점이 꽤나 있을 것이다.

내 경우에는 무엇보다도 녹음기와 라디오의 소리 공해를 들 수 있다. 더위와 아이들 안달도 안달이었지만 그동안 돈 없고 힘 없는 나한테 붙어서, 볼 것 못 볼 것 함부로 보고 살아온 눈한테 푸른 것이나 좀 보여 주자.

마찬가지로 귀한테도 그런 취지의 서비스를 좀 할까 하고 떠난 나에게, 보이는 것 들리는 것이 고생한 만큼 되지 않은, 실로 저소득이었던 것이다.

열에 취하고 술에 취한 너저분한 '꼴불견'은 시선을 피하면 그런대로 피할 수도 있었지만 라디오와 녹음기의 노랫가락이나 스포츠 중계는 산속 깊은 메아리까지도 깨우고 있는 판이어서 도망할 수가 없었다.

산에 갈 때는 산의 새소리, 바람 소리, 물소리 듣자고 찾아간 것은 아닌지……. 정이나 취미가 그쪽이라면 산에서야말로 리시버로 들어야 할 것은 아닌지.

그런 의미에서 얼마 전에 내가 받은 성당의 피정(일상 업무를 피해 성당이나 수도원 같은 곳에서 조용히 장시간 자신을 살피며 기도하는 일)은 정말 많은 것을 생각게 하였다. 숲 속에 위치한 장소도 장소였지만 우선 두 가지 주문이 명료했다.

"여러분, 시계를 풀어서 가방 속에 넣어 버리십시오. 우린 얼마나 그 시계의 바늘에 쫓겨서 숨찬 생활을 했었습니까."

"이제부턴 가능하면 침묵하고 지냅시다. 꼭 하고 싶은 말이 있더라도 그 반만 하고 그동안 쓰지 않고 묵혀 두었던 눈짓과 손짓 그리고 미소로써 대화합시다. 말은 침묵으로부터 출현할 때 충만한 것인데 입소리만으로 얼마나 많은 말을 남발하고 살았는지 이 기회에 반성합시다."

주변을 둘러보니 벽시계에는 '저를 보지 마세요. 잠들었습니다'라는 메모가 붙어 있고 라디오와 텔레비전은 물론 신문도 없었다. 연락은 두부 종으로 하고 아침 잠은 조용한 노크로 깨우고…….

그렇게 사흘을 지내다 브니 무언가 가슴속이 채워지는 듯한 느낌을 가졌던 것이다.

제발 소리 좀 줄이면서 살자.

제목 인플레

　우리는 지금 가히 스포츠 홍수 시대에 살고 있다고 할 만하다. 작금에는 특히 월드컵 축구로 화제를 삼지 않는 곳이 도리어 이상하게 느껴질 정도이다.
　중계방송이 밤중과 새벽에 나타나서 시청자들을 흥분시키는가 하면 아침 시간의 전철 같은 곳은 승객들이 펼쳐 든 스포츠지가 플래카드처럼 펄럭인다. '진군의 북을 울렸다', '미드필드도 총공격 특공대로'.
　나를 과민하다고 말할는지 모르지만 우리나라 신문의 제목만큼 인플레(?)가 심한 데도 없을 것 같다는 생각이다. 활자도 나날이 초대형화되어 가고 있고, 용어도 극렬 전쟁 용어투성이다.
　승리가 '고지 점령'으로 수식되는가 했더니 '거함 격침'으로도 표현되고, 타자가 '미사일'로, 투수가 '전폭기'로 은유되는가 하면 'ㅇㅇ군단 ㅇㅇ사단 맹폭', 'ㅇㅇ폭격기 특공 작전', 'ㅇㅇ군단 진격 육탄 방어', 'ㅇㅇ완전 초토화' 등 열거하려면 숨이 찰 지경이다.

아마 이런 제목의 초특호 활자가 빨간 바탕에 백 글자나 검정 바탕에 백 글자로 돌출되어 있는 것만을 모아 본다면 전쟁도 처참한 전쟁을 치러 내고 있는 듯한 착각에 빠지리라.

그런데 이번 월드컵 축구 대회를 계기로 고문기 용어까지 등장한 것을 보곤 아연할 수밖에 없었다. '족쇄'라는 말이 곧 그것이다. 쓴 사람 쪽에서는 수비 용어로 대단히 좋은 말을 찾아냈다고 할는지 모르지만 우리 같은 소시민은 그 낱말에서 풍기는 섬뜩함을 지워 버릴 수가 없다.

국어사전을 찾아보라. '죄인 발목을 채우는 쇠사슬'이라고. 단 한 문장으로 간단히 설명되는 이 고문 기기의 일종을 굳이 써야 더 강한 맛을 주는가.

그렇다면 앞으로 레슬링 같은 경기에서는 역시 고문 용어인 '주리를 틀어서' 꼼짝 못하게 했다느니 '비행기를 태워서' 두 손 들게 만들었다 할 것인가.

한때 프로 권투 선수로 널리 알려진 무하마드 알리는 자기의 공격을 이렇게 표현한 적이 있다.

"나비처럼 날아서 벌처럼 쏘겠다."

뒤돌아보지 마라

외국 민담에도 이와 유사한 것이 있는 것으로 알고 있는데 우리의 옛이야기에 〈바위가 된 처녀〉가 있다.

저주받을 마을, 짐승들만도 못한 사람들이 사는 마을이 있었다는 것이다. 그래도 이때는 하느님께서 정의를 몸소 세우시기 위해 빗자루를 드시던 때라서 이 마을 또한 더 이상 두고 볼 수 없다는 판단을 내리셨다고 한다.

그런데 막상 벌을 집행하려고 보니 혹시 죄 없는 사람이 모난 돌 옆에 있다가 정 맞는 격으로 그렇게 쓸려가 버리면 어쩌나 하는 불안감이 하느님한테 일었다.

하느님은 전령을 스님으로 몸을 바꾸게 하여 그 저주받을 마을을 한 바퀴 돌아보게 하였다.

스님이 그 마을에 가서 한 바퀴 돌아보니 과연 모두가 쓰레기 같은 인간들뿐이었다.

고문하러 나다니며 밥 벌어먹는 놈이 없나, 동냥은 못 줄망정 그릇을 깨버리는 녀석이 없나, 짐승과 시시덕거리며 그 짓 하는 화냥년이 없나.

오직 한 처녀만이 먹다 남은 밥을 가지고 나와서 배고픈 스님한테 적선을 했다. 스님은 그 처녀한테 귀띔을 해주었다.

"다음 보름날 달무리가 가시처럼 일고, 먼 데 파도 소리가 가까이 달려오거들랑 서편 고개 너머로 도망가거라. 그런데 한 가지, 어떤 유혹이 따르더라도 절대 뒤돌아보아선 안 된다는 것이다. 이 말을 꼭 명심해야 한다."

과연 보름날, 듣이 가시관을 쓴 것처럼 보였다. 그리고 먼 데 파도 소리가 달려와서 문지방을 쳤다. 처녀는 스님이 일러 준 대로 서편 고개를 향해 달아났다.

이내 처녀의 뒤에서는 뇌성벽력이 일었다. 성난 바다가 산을 꿀꺽 삼키는 소리가 났다.

유황 내음이 자욱했다. 비명 소리와 함께 '살려 달라'는 애원이 처녀의 약한 마음을 흔들었다.

한 발만 더 내딛으면 고개 너머로 숨을 수 있는 순간이었다. 처녀는 그예 뒤를 돌아보고 말았다.

그때에 벼락이 쳐서 처녀는 '서 있는 바위'가 되고 말았다는 것.

이 이야기는 옛날이야기로만 끝난 것이 아니고 현재도 진행되고 있다고 나는 생각한다. 우리들이 지금 살고 있는 이 세상은 상찬받을 만한가, 저주받을 만한가.

구원의 덫이 우리한테 내려져 있다 해도 우리 또한 뒤돌아보고 말 몸이 아닌가. 부모, 형제, 자식, 그 사람, 그리고 또…… 그리고 또 그 이유 때문에.

우리는 이 시대의 '서 있는 바위'들인 것이다.

어떤 선물

수피교 경에 이런 예화가 나온다.

"위대한 수피 스승이 군중들에 둘러싸인 채 이단자로 몰려 고초를 당하고 있었다. 때리고 치고 하더니 이윽고 사람들은 그의 팔 하나를 잘라 버렸다. 그러나 수피 스승은 전혀 아픈 내색을 보이지 않았다. 사람들이 돌을 집어 던지고 두들겨 패도 수피 스승은 여전히 조금도 아픈 표정을 짓지 않았다.

이를 지켜보고 있던 그의 친구이자 수피 스승인 한 사람이 돌연 좌우를 물리치고 그에게 다가갔다. 그 수피 스승은 막 피어난 꽃 한 송이를 들고 있었다. 그가 꽃 한 송이를 서서히 들어 올리더니 휙 하고 내리쳤다. 그러자 그 위대한 수피 스승은 못 견디겠다는 듯이 고통스럽게 몸부림치기 시작했다."

육신으로 모든 척도를 감지하려는 현대인들. 그들에게는 과장이 지나치다고 생각될는지 모른다. 그러나 이 예화에는 깊은 뜻이 함축되어 있다.

 진짜는 강하고 큰 것으로만 정복되는 것이 아니다. 작은 것, 곧 꽃 한 송이에도 무너지는 것이다.

 무기로 사람을 해하고 영토를 확장할 수는 있는 일이나 사람의 마음은 무기로도 정복되는 것이 아니기 때문에 인류의 희망이 오늘도 꺼지지 않고 살아 있다고 나는 생각한다.

 선물의 원리도 여기에 적용해 보면 금방 풀린다. 선물이야말로 마음의 움직임에 의해 나타난 것이고 또 상대의 마음에 들어야 비로소 선물 스스로의 기능이 완성되는 것이므로.

 물론 값비싸고 커야만 상대의 마음을 살 수 있는 현대이다. 그러나 이것이 전부가 아니다. 금액으로 따져서는 초라한 것, 크기로 말하면 보잘것없는 작은 선물도 얼마든지 사람의 마음을 움직일 수 있다.

 제3공화국 시절에 서울시장을 지낸 분 가운데 김현옥이라는 분이 있다. 이분이 어느 지면에 이런 체험담을 이야기하였다.

 곧 자기가 서울시장으로 있을 때 받은, 잊을 수 없는 선물은 아리랑 담배이었노라고.

 어느 날, 출근해 보니 갓을 쓰고 두루마기를 입은 한 촌로 분이 굳이 시장님을 꼭 뵈어야 한다면서 기다리고 있더라는 것이다.

 무슨 하실 말씀이 있느냐고 하자 정중히 절을 하면서 이번에 막내가 5급 공무원(그때는 5급이 최하위급이었다) 시험에 합격하여 시청에 발령을 받았는데 상사 분을 만나서 인사라도 하는 것이 아비 되는 사람의 도리일 것 같아 찾아왔노라고.

그러면서 안주머니에서 창호지로 겹겹이 싼 것을 헌사코 시장한테 주고 갔는데 돌아간 뒤에 풀어 보니 아리랑(그땐 아리랑이 가장 비싼 담배였다) 한 갑이었다는 것.

맥주를 소주잔 하나에 받아 마시고 취했다는 선생님도 있다.

사연인즉, 그 선생님이 산간벽지 학교에 부임해서 어느 날 담임을 맡고 있는 학생들의 가정을 방문하다 보니 한 가는한 집에서 맥주를 내놓더라는 것.

그런데 잔이 소주잔이라서 이상하게 생각하고 있는데 아이의 어머니가 술을 따르려다가 거품이 일자 어쩔 줄 몰라 하며 이렇게 말하더라고 했다. 지난 장에 가서 선생님께 대접하련다고 가장 좋은 술을 달라고 하자 이 술을 주어서 샀는데 웬 거품이 이렇게 나는지 모르겠다고.

나는 시인 친구의 시 한 편을 받고 감격한 적이 있다. 지금은 고인이 된 아까운 시인인데 내가 그의 동화책을 엮어 내자 답례로 시를 보내왔다.

박정만 시인이 그때 나한테 적어 보내 준 그 〈대청에 누워〉의 시를 여기에 옮겨 본다.

나 이 세상에 있을 땐 한 칸 방 없어서
서러웠으나
이제 저세상의 구중궁궐 대청에 누워
청모시 적삼으로 한 낮잠을 뻐드러져서
산뻐꾸기 울음도 큰대 자로 들을 참이네.

어차피 한참이면 오시는 세상
그곳 대청마루 화문석도 찬물로 씻고
언뜻언뜻 보이는 죽순도 따다 놓을 터이니
딸기 잎 사이로 빨간 노을이 질 때
그냥 빈손으로 방문하시게.

우리들 생은 다 정답고 아름다웠지.
어깨동무 들판길에 소나기 오고
꼴망태 지고 가던 저녁나절 그리운 마음.
어찌 이승의 무지개로 다할 것인가.

신발 부서져서 낡고 험해도
한 산 떼밀고 올라가는 겨울 눈도 있었고
마늘 밭에 북새 더미 있는 한철은

뒤엄 속으로 김 하나로 맘을 달랬지.
이것이 다 내 생의 밑거름 되어
저 세상의 육간대청 툇마루까지 이어져 있네.
우리 나날의 저문 일로 다시 만날 때
기필코 서러운 손으로는 만나지 말고
마음속 꽃그늘로 다시 만나세.

어차피 저세상의 봄날은 우리들 세상.

  물론 이런 소박하고도 작은 것, 그리고 무형의 것이 최고의 선물이라고는 결코 고집하고 싶지 않다. 선물에는 인사성이 들어 있으므로 물질의 따뜻함도 전해진다면 더욱 좋은 것이다.
  문제는 마음을 움직일 수 있는 정성이다.
  일본의 어떤 상사원은 윗사람의 고향을 찾아가서 평소 그분의 취미와 식성, 그리고 성향까지를 알아 와서 선물을 골랐다고 하지 않는가.
  언젠가 집 아이가 친구의 생일잔치에 초대받았다면서 선물할 것을 걱정하고 있었다. 내가 얼마만큼 좋아하는 친구냐고 묻자 가장 좋아하는 친구라고 대답했다.
  그래서 나는 이렇게 거들었다.

"네가 가진 것 중에서 가장 소중한 것, 남 주기가 차마 아까운 것으로 선물하라"고.

그것은 내가 바라는 것이기도 하다. 값이 적고 많고가 선물의 우선 조건이 아니다. 마음이 짙게 실려 있는 것, 아끼는 그 마음으로부터 와서 내 마음을 실어 갈 선물을 나도 받고 싶다.

지금을 사랑한다

 겨울이 깊어 가고 있습니다. 먼 산은 눈빛으로 하얗고 아침마다 유리창에는 성에가 낍니다. 길거리의 사람들 어깨는 더욱 좁아졌고 발걸음은 종종걸음입니다. 눈이 오는 것도 반갑지 않고 빙판 길에는 불평이 따르게 마련입니다.

 오직 그리운 게 있다면 푸른 봄입니다. 병아리의 가슴 털 같은 노오란 햇살과 하얀 나비의 느릿느릿한 날갯짓하며 얼은 풀려 흐르는 시냇물 소리……. 특히 실비가 내린 후의 방죽을 생각하면 그 여린 푸름이 실핏줄까지도 저미게 하지 않습니까.

 그런데 저는 얼마 전에 중요한 것을 하나 깨달았습니다. 모처럼 한가한 토요일이고 해서 텔레비전 앞에서 외화를 보고 있었지요.

 외화는 청춘극이었습니다. 갈등 속에서 만나고 갈등 속에서 헤어지려고 하는 남자와 여자. 카메라는 멀리 들녘 길을 걸어가는 남녀를 붙들었습니다.

때는 5월께였던 것 같아요. 주변은 온통 녹색의 장원입니다. 두 사람은 연한 나뭇가지가 흔들리는 언덕에서 '지금'을 포옹합니다. 바람을, 들장미를, 새소리를. 아, 하고 저는 부러워하였습니다. 푸른 물이 뚝뚝 번지는 듯한 연인들을, 그리고 밀밭을 물결치게 하는 바람을, 들장미를, 새소리를.

순간, 저는 어서 이 지겨운 겨울이 가고 저 찬란한 봄이 와주면 나도 저들처럼 온몸으로 5월을 안아 버리겠다고 마음먹었습니다. 그러나 영화가 끝나고 홀로 창가에 서자, 저의 가슴속에는 작은 회한의 앙금 같은 것이 느껴졌습니다. 그것은 '지난 5월을 어떻게 지냈는가' 하는 내 자신을 향한 물음표였습니다.

중국의 임제 선사가 "도중(途中)에 있으면서 가사(家舍)를 떠나지 않는다"는 말을 했지요. 자세히 설명하자면 길어지지만 간단히 결론부터 말하자면 '도중이 그대로 종점'이라는 뜻입니다.

가사란 내 집으로서 가장 안정된 평화로운 곳을 가리킵니다. 곧 종점이라는 낱말과의 대체도 여기선 가능합니다. 도중이라는 말이 머리에 나왔으니까요.

이렇게 우선 이해하고 반복해 보면 '도중에 있으면서 가사를 떠나지 않는다'는 것은 '인생은 영원히 도중이지만 또 매일 매일이 종점'이라는 설명이 가능합니다.

매일 매일이 종점이면서 매일 매일이 도중이다, 이 얼마나 모순되면서도 생각을 많이 하게 하는 말입니까.

지난 5월 저는 일상에 쫓겨서 무대 위의 소품처럼 그렇게 우두커니 있었을 뿐입니다. 훈풍과도, 라일락과도, 새소리와도 함께 있었지만 그러나 그들은 그들대로였고 나는 나대로일 뿐 한데 어우러지지 않았지요.

아니, 그 계절에도 저는 회한을 가지고 있었습니다. 하얀 눈 오는 날의 아름다움을 그리워하고 있었습니다. 매서운 겨울바람을 외투 깃으로 다스릴 낭만을 군밤과 함께 구수히 생각하고 있었습니다. 한겨울, 얼음 밑으로 다니는 고기들, 그들과의 대화를 가다듬곤 시상(詩想)에 일기장을 비워 두곤 하였습니다.

그 당장의 바람을 마시면서 5월 노래를 부를 생각을 못하였습니다. 방죽에 나가서 갓 피어난 제비꽃과 눈 맞출 마음도 없었습니다. 엽록의 개울물에 발을 담그고 물의 신비를 묵상해 볼 염두도 내지 않았습니다.

그러고 보니 저는 내내 지나간 것만을 그리워하며 살았었지, 지금 만난 하루와 꼭 껴안고 뒹근 적은 드문 것 같습니다. 부끄러운 고백이 아닐 수 없습니다.

며칠 전 저한테는 이런 일이 있었습니다.

일요일 아침나즐이었지요. 가족들은 모두 성당으로 나가고 홀로 집에 남아 있었습니다. 저는 목욕을 갔다 와서 밀린 원고를 써야 한다는 생각을 하고 있었습니다.

그런데 나른한 기운이 엄습해 와서 눈꺼풀에 천근 추를 달아 놓은 것 같았습니다. 저는 이 잠 속에 빠져선 안 된다고 고개를 저었습니다. 그러나 마음뿐, 저는 졸음이 이끄는 대로 아득히 끌려 들어가고 있었습니다.

이때였습니다. 놀이터가 있는 쪽으로부터 어린아이의 외마디 소리가 들렸습니다.

"가지 마. 가면 안 돼."

순간, 저는 30 몇 년의 시공을 넘어가 할아버지의 임종 앞에 머물렀습니다.

"가지 마, 가면 안 돼."

이렇게 철없이 말하던 것이 불과 조금 전의 일처럼 느껴졌습니다만 이제는 내가 아버지의 자리에 와 있다는 사실을 알았습니다.

다시 저는 순식간에 이 땅 위에서 숨을 거두어야 할 위치에 선 초라한 제 모습을 제가 보았습니다.

가지 말라고 붙든다고 해서 1초도 더 머물 수가 없는 순간이라고 느끼자 눈물 한 방울이 뺨을 타고 흘러내렸습니다. 할아버지의 임종 모습처럼.

저는 1분도 채 안 되는 그 시간에 60여 년의 시공을 떠돈 것 같았습니다.

졸음에서 깨어난 저는 '지금'을 잘 살아야겠다고 마음먹었습니다. 날마다 사형수처럼 사는 삶, 오늘 하루가 그리고 이 순간이 마지막인 것처럼 철저히 사는 사람에게는 귀신 됨의 원망이 생기지 않으리라 믿었습니다.

그리스 작가 니코스 카잔차키스는 그의 생이 다 사그러질 무렵 이렇게 말했다고 합니다.

"난 베르그송의 말대로 하고 싶다. 길모퉁이에 나가 손을 내밀고 지나가는 사람들에게 구걸을 하는 것이다.

'적선하시오. 형제들이여! 한 사람이 나에게 15분씩만 나눠 주시오.'

아, 약간의 시간만, 내가 길을 마치기에 충분한 약간의 시간만을. 그런 다음에는 죽음의 신이 찾아와도 좋다."

그러나 친구여, 우리에게는 '할 일'도 있지만 다행히 '지금'도 함께 있습니다. '할 일'은 '지금'을 사랑하는 것으로부터 정복되는 것이 아닐까요.

자, 나섭시다. 북풍의 서슬을 그대로 껴안읍시다. 유리창의 성에 또한 무슨 꽃인지 아름다움으로 봅시다. 응달에 남아 있는 눈도 지금 가면 다시 못 볼 것으로 기억하면서, 얼음길도 썰매 타는 기분으로 걸읍시다. 바람에 굴러가는 휴지 한 쪽에도 그리움이 배게 합시다.

이 모든 것은 오늘 내가 있으므로 있는 것이니 이 충렬한 오늘에 이어서 오는 내일의 봄은 얼마나 찬란한 것이겠습니까.

연습이 없는 인생 극장

몇 해 전 일이다. 기능 경연 대회에 취재를 간 적이 있다. 심사가 끝난 다음 수상자들을 만날 기회가 있었다.

나는 한 스무 살 정도 돼 보이는 젊은이를 붙들고 물어보았다.

"어떻게 하여 이 길에 들어섰습니까?"

그러자 꼿꼿이 들려 있던 청년의 목이 갑자기 푹 낮아졌다. 그러고는 가느다란 목소리로 그는 대답했다.

"가정 형편상 위 학교에 진학할 수가 없어서요……."

여기에서 호기심이 생긴 나는 여러 수상자들한테 같은 질문을 해 보았다.

그때마다 그들은 이러저러한 사정으로 기술을 익힐 수밖에 없었노라는 힘 없는 대답의 반복이었다.

그러면 앞으로 어떻게 살아가겠느냐고 물었을 때는 다들 "배운 것도 없고 하니 이것으로 벌어먹고 살아야겠다"고 했다.

"배운 것이 왜 없어요? 꼭 대학교에 가서 학문만 해야 배운 것이 됩니까? 내가 보기에는 이 기술을 배운 것도 훌륭한 공부일 것 같은데요."

내가 이렇게 말하자 자조적인 웃음을 띠던 젊은이들이 많았다.

돌아오는 차 안에서 나는 생각해 보았었다. '저 청년들은 왜 당당하지 못할까' 하고.

물론 학비를 댈 수 없어서 진학을 포기한 아픔도 클 것이다. 라면으로 끼니를 때우고, 언 손에 연장을 잡았던 고통도 진할 것이다.

그러나 아프면서 자라난 나무는 옹이가 아름다운 법이다. 고통 속에 익힌 기술이기 때문에 애착이 더 생기는 것은 아닐까.

한번 결정한 진로에 대해서, 그것도 어느 정도의 실력이 인정된 다음에야 주눅 들 이유가 어디에 있는가.

당당한 자세로, 어디에 가더라도 '내가 하는 일이란…… 이렇다'고 힘주어 말하는 긍지를 지녀야 할 것이 아닌가.

일본의 한 센베 과자 가게 주인 이야기가 떠오른다.

그 사람은 센베 과자를 직접 구워서 파는데 손님들이 그 사람의 과자를 사려고 줄을 서서 기다린다는 것이다.

손의 움직임에 맞춘 듯이 몸도 끊임없이 물결처럼 서서히 흔들리면서, 그러나 순간의 틈도 없이 검객 같은 박력이 일하는 가운데서 넘쳐나는 자세. 그것은 일을 하고 있다기보다는 아름다운 율동을 보고 있는 느낌이었다고 보고 온 이가 들려주었다.

그런데 정작 중요한 것은 그 센베 과자 가게 주인의 말 속에 있었다.

"결코 어제와 같은 센베는 굽지 않으려고 합니다."

하루하루에 진보가 있어서 오늘은 어제보다 얼마쯤이라도 더 나은 센베가 구워지도록 하지 않으면 안 된다는 이 기백이 그가 굽는 과자의 한 장 한 장에 스며 있는 것이니 어찌 명물 센베가 되지 않을 것인가.

그 사람은 이런 말도 들려주고 있다.

"오늘은 기도드리고 싶은 센베가 구워졌어요. 이런 센베를 굽는 것은 1년에 한 번이나 두 번밖에 없어요. 손님에게 그냥 팔려 버린다고 생각하면 아까운 과자이기도 하지요."

이만하면 진짜 뜻을 세워 사는 사람이라고 할 수 있을 것이다. 정치나 군에, 그리고 학문과 예술에만 뜻을 둬야 대접을 받는 사회 풍토라면 그 풍토가 지탄을 받아야 한다고 나는 생각한다.

과자를 가장 뛰어나게 잘 굽는 사람처럼 각자가 어느 자리에서고 자기 일을 가장 잘하는 사람이 많아질 때 우리 사회는 번성할 것이 아닌가.

내가 즐겨 보는 텔레비전 프로그램이 하나 있다. 각 지방을 순회하며 그곳 주민들의 노래자랑을 방송하는 프로그램인데 무대 위에 올라오는 한 사람 한 사람이 그렇게 진솔해 보일 수가 없다.

박자가 틀렸다고 해서, '땡' 하고 도중 하차 명령을 당하더라도 그

땡 순간까지는 땀을 뻘뻘 흘리며 노래하는 사람들.

여기에 비하면, 기성 가수들의 등장에는 교태만 보게 된다. 어떤 이는 타고난 천성의 목소리조차도 살리지 못하고 코 먹은 소리만 내다가 퇴장하기도 한다. 이런 것을 볼 때 우리는 피곤하다. 어린아이가 먹는 것을 가지고 투정 부릴 때 보기 싫은 것처럼.

스피노자는 이런 말을 했다.

"우리네 인생 극장에서는 신들과 천사들만이 관객임을 잊지 말아야 한다."

그렇다면 우리는 모두 인생이라는 무대 위에서 삶을 연기로 보여주고 있는 것이다. 부족함이 있더라도 열심히 사는 것이 좋은 연기가 아니겠는가. 언제 '땡' 하고 퇴장 명령을 받을지 모르는 우리들의 삶에는 불행히도 연습이 없다. 그날그날이 곧 실제이다.

우리가 하기 싫은 일을 억지로 하고 있을 때 그 보기 역겨운 광경을 보는 저 관중석의 신을 생각해 보라.

삶은 지금 우리가 해찰하고 있는 이 시간도 포함하고 있는 것. 어느 부분이 시시하다고 해서 지워 버리고 다시 편집할 수 없는 것.

당신의 인생 점수는 당신이 매겨 가는 것이다.

유혹, 그 동사와 피동사

나한테는 그리운 친구가 몇 있다. 그중에 서울의 청계천에서 리어카로 남의 짐을 운반해 주면서 살아가는 명구는 내가 이 세상에서 만난 첫 친구이다.

그와 나는 남녘 벽촌의 한 고샅에서 태어났고 또한 위아래 집에서 같이 자랐다. 명구와 헤어진 것은 초등학교 3학년 때인데 이삿짐을 싣고 가는 배 안에서 나는 그의 손 흔드는 모습이 티끌 같은 점으로 사라질 때까지 울고 또 울었었다.

이 명구를 재작년에 다시 만났다. 실로 30년 만의 해후였다. 나는 그가 끄는 대로 청계천 골목 안으로 들어가서 술을 마셨다. 과붓집이라고 하는 포장마차에서 우스갯소리도 꽤 했던 것으로 기억하는데 헤어질 무렵에 그 친구가 나한테 이렇게 말했다.

"니 참 많이 변했다."

"뭐가?"

"내가 알고 있는 너는 지금 그 얼굴이 아니다. 여자들 앞에서 이름을 부르기만 해도 능금처럼 뺨이 벌게지곤 했는데…… 그동안에 기름이 많이 뜨는 숭어 국처럼 느글느글하게 변했구나."

순간 내가 충격을 받은 듯하자 순진한 이 친구는 얼른 말을 뒤집었는데 사실은 그가 위로한다고 한 말이 더욱 내 가슴을 아프게 했다.

"서울 사람 다 됐다야. 살도 많이 붙고 허얘지고…… 얼굴이 영판 좋다."

불교에서는 진면목을 자주 말한다. 물론 뜻을 캔다면 깊은 데에 그 뿌리가 있겠지만 간단한 의미로는 '본래의 모습'을 말한다.

나의 본래의 모습, 그러니까 부끄러움 잘 타고 눈만 커 보이는 마른 얼굴이 허위의, 기름때 같은 뻔뻔스러움으로 느글느글해졌다는 것은 유혹의 피동사에서 동사로 변하고 있는 징후가 아닐까.

아이들의 만화에는 악마의 모습이 흉한 모습으로 등장한다. 아이들이 보는 순간에 '아, 저 괴물은 악마이다' 하고 알아본다.

그러나 이것은 식별의 능력이 아직 부족한 아이들에게 만화가가 베푸는 친절일 뿐이다. 사람으로서는 상상도 못할 죄를 지은 이의 얼굴도 우리 가운데 표 나지 않고 있다는 것을 알아야 한다. 어떤 면에서 보면 유혹자의 얼굴은 보통 사람보다 더 거룩해 보일 수도 있다.

시간이나 위급을 알리는 사이렌은 원래 그리스의 신화 '세이레네스'에서 연유한 것이다. 세이레네스는 피에 굶주려 산 사람을 유혹하는 흉녀인데 얼굴은 아름다운 여자, 몸은 새이다.

이들은 카프리 섬과 세이레네스 섬 일대의 바닷가에서 노래로 배 꾼들을 유혹하여 걸려드는 사람들을 잡아먹었다고 한다. 그런데 어 느 날 원정선 아트고호가 그 섬 옆을 지날 때 세이레네스가 노래로 그들을 유혹했으나 그 배에 승선해 있던 대음악가 오르페우스가 더 아름다운 노래를 불러 그들을 물리쳤다는 것.

이 신화에서 보거라도 아름다운 얼굴과 아름다운 목소리로 분장 한, 그야말로 사이렌으로 위급을 알리지 않으면 안 될 유혹자는 우리 곁에 늘 그럴듯한 탈로 변신하고 있다는 것을 잊지 말아야 한다.

나는 얼마 전에 〈훼방꾼들〉이라는 우화를 하나 썼다. 이 이야기는 '악마들의 마을이 있다'로부터 시작한다. 여기 마을의 악마들 임무는 이루고자 하는 사람들을 이루지 못하도록 훼방 놓는 것이다.

그런데 이 마을의 무수한 악마 중에서도 뻔질나게 인간 세계로 드 나드는 단골은 '오늘 일을 내일로 미루게 하는 나태'와 '깨우침이 없 는 어제처럼 오늘을 살게 하는 관습'과 '한 일보다도 나타냄이 약간 높은 선심', 그리고 '쥐꼬리만 한 앎을 가지고 황소 머리만 하게 드러 내기 좋아하는 교만'과 '모든 예지를 눈멀게 하는 애욕'이라고 보았다.

이 유혹의 악마들은 오늘도 뜻을 이루려고 하는 사람들을 이루지 못하도록 하기 위해 눈코 뜰 사이 없이 인간 세계를 향해 달려들고 있다는 것으로 내 우화는 끝을 맺었지만 뷔파애라는 사람은 더 상세

한 유혹의 한 예를 제시하고 있다.

그것은 '처녀 도적질'의 요령인데 남자는 먼저 아가씨의 마음을 사기 위하여 공치사를 남발한다. 사람은 누구든지 아부성의 찬사에는 약해지게 마련.

그녀의 마음이 부풀어 있을 때, 다음으로는 친절을 베푼다. 그러면 아가씨는 고마움에 눈이 뜨이는데 이때 남자는 이렇게 말한다는 것이다.

"나의 아내는 나를 조금도 이해하지 못한다. 나는 아주 불행한 결혼 생활을 하고 있다. 좀 더 빨리 당신을 만나지 못한 것을 후회한다."

이렇게 되면 아가씨는 단순한 감상과 허영만이 아니라 연민의 정까지 일게 된다. 이 기회를 놓치지 않고 남자는 선물을 한다. 선물에 약해지지 않는 여자 어디 있으랴.

과연 이 이후부터 아가씨는 자기에게 이처럼 친절하고 섬세함을 보여 주는 남자는 만나기 어려우리라는 자기변명 속에서 파멸의 길로 나아간다는 것이다.

그러나 어디 이 수법이 남자가 처녀 호려 내는 데에만 통용되랴. 무슨 유혹이건 이와 같은 찬사와 친절로 우리들 안의 허영을 부추기고 감언이설과 뇌물로 꼼짝 못하게 묶어서 사망의 골짜기로 몰아가고 있지 않은가.

나는 바깥의 유혹보다는 내 안의 유혹이 더 무섭다고 생각하는 사람 중의 하나이다. 10대 때는 이것이 눈에 몰려 있는 듯했다. 보는 것, 그것에 대한 탐이 어느 때보다도 강했던 것이다.

20대에 들어서는 유혹이 귀로 쏠리는 듯했다. 귀가 유난히 밝은 것 같았고 들리는 것마다에 호기심과 갈증을 느꼈다. 그러던 것이 30대에 들어서는 혀에 곤혹을 느꼈다. 입만 열면 교만과 모함이 쏟아져 나오려고 했다.

그러다 40대에 이른 지금에야 나는 비로소 남이 나를 유혹하는 것이 아니라 내가 나를 유혹하고 있음을 깨달았다. 내 스스로가 그런 빌미를 기다리고 있는 것이다. 나태의 유혹을, 관습의 유혹을. 그리하여 핑계만 있으면 고통스러운 영혼의 의지를 떼어 버리고 몸이 편하자는 대로 살려고 하지 않는가.

일찍이 토마스 아 켐피스는 《준주성범》에서 "불은 쇠를 시험하고 유혹은 바른 사람을 시험한다"고 했다.

내가 나를 다스릴 수 있는 사람이야말로 진실로 강자라 할 수 있을 것이다.

고래 잡으러 나선 사람들

그와 나는 초등학교 다니던 시절 위아래 집에 살았었다. 그 무렵 우리는 학교에서 청군·백군으로 갈라진 동안만을 빼놓고는 늘 함께 그림자보다도 가까이 붙어 다녔다. 지금도 또렷이 기억하고 있는 것은 어두컴컴한 새벽에 일어나 서로 깨워선 뒷동산을 올라 다니던 일이다.

그는 향후 대통령이 되겠다고 하여 높은 바위 위에 올라가 큰 소리로 '친애하는 유권자 여러분!'으로 시작하는 연설 연습을 하였고 나는 상수리나무 밑에 앉아서 그의 연설 원고를 구상하곤 했다.

그의 집이 광주로 이사를 하던 날, 나는 울다가 울다가 나중에는 세숫대야의 물로 얼굴을 씻어 가며 울어서 자고 일어나 보니 눈은 물론 온 얼굴까지도 퉁퉁 부었던 것으로 기억한다.

그때 우리는 중학교 1학년이었는데 사진관에 가서 사진을 찍고는 그 사진 뒷면에 '우리는 꼭 청운의 꿈을 이루어 다시 만난다'라고 써서 서로 교환했었다. 청운의 꿈이란 친구는 정치인, 나는 시인이 되겠다는 것이었다.

그리고 10여 년이 훌쩍 지나갔다. 깊은 밤 홀로 깨어 있을 때면 그가 밤하늘의 별처럼 영명하게 내 가슴속에 나타나곤 하였지만 우리 둘 사이엔 어디서 어떻게 살고 있는지 주소조차도 끊겨 있었다.

그런데 그가 불쑥 내 앞에 나타났다. 신문에 난 내 짧은 글을 보고 찾아왔다는 것이었다. 대학 3학년 때였다. 내가 시에서 동화에로 항로를 다소 변경한 것처럼 그의 항로 또한 약간 수정되어 있었다. 교육자이신 아버지의 영향을 받아 교육학을 전공하고 있다고 했다.

우리는 변치 않는 꿈을 지니고 그것도 건강히 다시 간난 것에 대해 신께 감사하며 술을 마셨다. 서울의 변방, 뒷골목 안에 있는 작은 돼지 삼겹살 집에서 우리는 그냥 미소 지은 얼굴로 그윽이 마주 보며 잔을 비웠다.

그동안 어디서 어떻게 살았는지 그런 것은 서로 얘기하지 않았다. 우리들의 시대에 손등이 얼어 터진 고생을 겪지 않은 사람이 뉘 있으랴. 이불을 뒤집어쓰고 울었던 눈물 맛을 뉘들 모르랴.

이제 그로부터 다시 20여 년의 세월이 흘렀다. 그의 겨드랑에도, 나의 겨드랑에도 처와 자식들이 주저리주저리 들어와 박혔으며 머리에는 어느덧 새치가 늘고 있다. 아직까지 우리한테서 변하지 않고 있는 것은 소년 시절에 품었던 꿈 하나뿐.

그대 뒷모습 | 211

내 친구는 장차 학교를 하나 해보고 싶어 한다. 그 꿈을 이루기 위해 성실히 돈을 모아 고향에 이내 작은 터도 마련해 놓았다. 그는 말한다. "내가 힘이 못 미쳐서 이루지 못하면 내 자식한테라도 대물려서 이루고 말겠다"고. 그러니 나더러는 썩지 않을 작품을 남겨 놓으라고 한다.

살다 보면 일상이 무뎌지고 '빌어먹을, 내가 알 게 뭐야, 이래도 한세상, 저래도 한세상인데' 하는 자포자기로 나사가 풀리는 때가 많다. 그럴 때마다 그 친구와의 약속이 떠오르고 그러면 다시 마음이 다져지는 것은 나의 큰 복이 아닐 수 없다.

간혹 동창회나 향우회 같은 모임에 나가 여느 친구들을 만나 볼 기회가 있다. 소년 시절, 아니 청년 시절에 다들 내로라하는 청운의 꿈을 지녔던 친구들이다. 그러나 이제는 누기 지고 바람 잦은 생활 선상의 모습들로 배추의 아랫잎처럼 후줄근해 보인다.

술 한 잔에 요설 몇 마디, 헛웃음 몇 번 터뜨려 놓고선 쓸쓸히 돌아서는 모습들. 그것은 여의주를 포기해 버린 이무기 같다고나 할까.

그러고 보면 꿈은 인생의 갈무리 역할, 곧 소금 구실을 하고 있다고 봐야 할 것이다. 깊은 소(沼) 속에서 천 년 세월을 기다릴 수 있는 이무기의 끈기가 용이 되어 승천할 수 있는 꿈, 곧 여의주에 있듯이.

그러나 현대는 젊은이들에게 너무 일찍 꿈을 상실토록 유도한다. 운명의 심술 같은 시험 실패, 도전 실패가 좌절을 강요하는 것이다.

발톱 하나, 손톱 하나 찍을 수 없는 저 차고 매끄러운 기성세대의 암벽과 더불어.

진정 한두 번 꺾여 본 사람들에게 꿈의 복원은 영 불가능하기만 한 것일까.

아니다. 나는 한두 번의 실패로 도전을 포기해 버린 사람들의 의욕 상실이 더 큰 문제라고 생각한다. 인생은 '언제'가 아니라 '무엇'이 더 중요하다고 믿는 사람 중에 나도 그 하나이다.

내 친구처럼 자기 대에 이루지 못하면 후대에 물려서라도 이루고 말겠다는 의지, 그 집념만 있으면 상한 갈대의 꿈도 유효하다고 믿는 것이다. 이 별(지구)을 떠날 때까지 꿈을 가지고 사는 사람과 꿈을 잃고 사는 사람의 탄력을 비교해 보라.

나는 소록도에 살다 나온 한 나환자의 수기에서 이런 대목을 보고 크게 감동한 적이 있다.

거기 사람들은 마늘 수확기가 되면 손이 없는 사람은 손목에 호미를 매어서, 그리고 발이 없는 사람은 무릎걸음으로 기어다니며 마늘을 뽑는 일을 한다고 했다.

그들의 꿈은 "우리도 인간답게 살아 보자"는 것.

그 수기에는 이런 말도 덧붙여져 있었다.

"소록도의 그 사람들처럼 생을 간절히 갈구하며 땀 흘림으로 불가능을 정복한다면 이 땅에서 신세 한탄하는 사람은 없어질 것이다."

그렇다. 우리들의 여의주는 누가 빼앗아 가서 감추고 있는 것이 아니다. 잃어버린 우리가 찾으려고 노력하지 않고 있을 뿐이다.

자, 고래를 잡으러 자전거를 타고 동해 바다로 내닫던 그날의 꿈을 다시 한 번 챙겨서 달려가 보자.

호주머니가 삼키는 인생

얼마 전에 〈산토끼가 된 사나이〉라는 스웨덴 영화를 보았다.

그 영화의 앞머리에 광고 제작 회사원인 주인공이 동료와 함께 출장을 가면서 할부 차에 대해 나누는 대화가 있다.

"자네, 이 차 어떻게 샀는가?"

"5년 할부로 샀지."

"5년 동안 꼼짝하지 못하겠군."

"그렇지. 그러나 5년만 고생하면 그 이후는 내가 살고자 하는 대로 살 수가 있을 거야."

그러자 주인공은 독백처럼 말한다.

"그러나 그렇게 되지 않던걸. 5년 할부가 끝나면 다시 좋은 차가 나타나서 그 차를 사게 되고, 더 큰 평수의 집을 원하게 되고, 그 후로 또 5년, 5년, 이렇게 질질 끌려 다니게 되던걸."

이런 삶에 멀미를 느낀 이 영화 속의 사나이는 차에 치인 산토끼를 구해 산속으로 들어가 버리지만 용기 없는 이 땅의 우리는 날로 커지는 호주머니를 채우기에 급급하다.

소년에게는 아무도 모르는 혼자만의 궁전이 있었다. 1백 살도 더 먹어 보이는 소나무가 양산처럼 멋진 그늘을 퍼뜨리고 있는 벼랑 아래였는데 우뚝우뚝 둘러선 바위들이 흡사 망루 같았고 어쩌다 날아와 앉는 물새는 파수병 같았다.

소년은 그 성곽 안에 의자처럼 생긴 바위에 앉아서 바다가 연주해 주는 교향악을 들었다. 바람과 파도와 물새 노래가 어우러진 음악을.

그 비밀의 궁전에서 소년은 수평선에 떠오르는 흰 구름을 만나곤 했다. 흰 구름은 소년에게 말을 걸었다.

"무엇이 필요한지요, 어린 왕자님, 말씀만 하시면 대궐도 지어 올릴 수 있고 사자도 빚어 드릴 수 있습니다."

"아녀요. 나는 그렇게 큰 것은 싫어요. 젖 짜는 염소나 한 마리 있었으면 좋겠어요. 그리고 할머니가 캐러 다니시는 조개들이나 많았으면 좋겠어요."

"어린 왕자라서 작은 것을 좋아하는군요. 그러나 왕자님, 큰 것은 빚기가 쉬우나 작은 것은 어려워요. 빌딩 같은 것은 어떻습니까?"

"싫어요. 나는 작으니까 작은 것이 좋아요. 초가집이 좋고 외돛배가 좋아요."

아아, 그러고 난 후면 하늘에 나타나는 것들. 염소, 초가집, 외돛배, 그리고 조개들…….

소년은 고향을 떠났다. 얼마 후엔 또 읍내에서 작은 도시로, 그러고는 더 큰 도시로 흘러 들어갔다.

학교가 높아 갈수록 소년의 꿈 또한 점차 거대해졌다. 나중에는 남들처럼 대궐 같은 집을 원했고 사자와도 같은 권력을 원했다. 빌딩 같은 지위에 오르기 위해 남을 밟았고 또한 밟혔다.

세월이 흘렀다.

소년은 문득 가을비 내리는 날 밤에 날아간 혹은 삭아 버린 옛 날의 음표들에 대해 생각했다. 오선마저도 낡아서 희미해져 버린 지금에.

창밖의 빗줄기 주렴에 실루엣처럼 어리는 소년의 궁전.

'오오, 거기 있었구나.'

소년은 밤차를 타고 고향으로 내려갔다. 아침 해가 떠오를 무렵에야 바닷가 그만의 궁전에 이르렀다.

벼랑 위의 소나무는 아직도 푸른빛 그대로였으나 소년의 머리는 이미 하얗게 변해 있었다.

소년은 가만히 궤전 그 바위 위에 걸터앉았다. 물새들이 반가운 듯 어깨를 스치며 날았다. 파도는 팡파르를 연주했다. "안녕히 다녀오셨습니까" 하고.

수평선에 뜬 흰 구름이 대궐처럼, 사자처럼 부풀어 올랐다. 빌딩처럼 층층이 빚어지기도 했다. 그러나 이내 그 거대한 것들은 소리 없이 스러져 가없는 하늘에 새털처럼 흩어져 버렸다.

　소년의 잔주름 많은 눈가에 이슬방울이 맺혔다.
　'아, 허망한 꿈이었어.'

　이 글 속의 소년은 오늘의 당신일 수도 있고 나일 수도 있다.
　처음에는 유리구슬 몇 개만 들어 있어도, 만 원짜리 한 장만 들어 있어도 만족해하던 호주머니가 아닌가. 하나 이제는 넓고도 넓어져서 호주머니 속의 우리 인생이 침몰당할 위험도 있는 것이다. 당신의 포켓에 행복이 들기 위해서는 당신의 호주머니를 당신에 맞게 줄이는 길밖에 없다.

땅에서는 창조를

지난주에 광주를 다녀왔습니다. 내가 평소 흠모하는 친지 분이 돌아가셨기 때문입니다. 마침 주말이고 해서 집의 아이를 동행하였지요.

"날씨도 춥고 먼 길이고 하니 혼자 가세요. 즐거운 곳도 아닌데 왜 군이 아이를 데리고 가려는 거예요?" 하고 아내가 만류하는 것을 뿌리친 것은 내 나름대로의 생각이 있었기 때문입니다.

나는 차 안에서 아이에게 이렇게 말하였습니다.

"전도서에 이런 대목이 나온다. '무엇이나 다 정한 때가 있다. 하늘 아래 벌어지는 무슨 일이나 다 때가 있다. 날 때가 있으면 죽을 때가 있고 심을 때가 있으면 뽑을 때가 있다.' 우리는 지금 사람이 죽을 때를 맞으면 어떻게 되는가, 그것을 보러 가는 길이다."

알고 있는 분은 다 아시겠지만 그러나 그것은 얼마나 허무한 일입니까. 한 평도 채 못 되는 땅 구덩이에 관이 들어가자 그것으로 모든 것이 끝이었습니다. 남은 사람들의 슬픔 속에 흙이 덮이고 그리고 잔디가 입히고 나서 유족들이 절을 마치자 사람들은 하나 둘, 돌아섰습니다.

고인의 딸들이 몸부림을 쳤지만 그러나 그것도 잠시, 태우고 온 사람과 가는 사람의 수가 맞아떨어지자 운전기사가 버스의 시동을 걸었습니다. 달리는 차 안에서 옆에 앉은 아이가 물었습니다.

"아빠, 저 할머니는 오늘부터 땅속에서 자겠지요?"

"그렇지."

"우리는 땅 위에서 자는데……. 아빠, 이것이 전부예요?"

"그래, 전부다. 산 사람과 죽은 사람은 이렇게 나눠진다."

아이는 이제 초등학교 5학년밖에 되지 않는데 처음 보는 이 장례 행사에 느낀 것이 많은 것 같았습니다.

"아빠, 땅 위에서 살아 있을 때 무엇이든지 열심히 해야겠어요. 땅 속에 잠들어 있으면 하고 싶어도 할 수가 없으니까요."

"그래, 열심히 살아야 한다. 내일은 무엇이냐? 우리가 저기 저 할머니처럼 땅속으로 들어가는 날이 아니겠느냐. 그러니 오늘을 잘 살아야 한다."

아이가 내 말을 제대로 이해하였는지 알 수 없으나 아무튼 나는 아이에게 사는 날 동안은 철저히 살아야 한다는 것을 말하고 싶었습니다.

곤충학자로 너무도 유명한 앙리 파브르에게는 이런 일화가 있습니다.

젊은 날에 그는 프랑스 중부에서 가장 높은 방투 산에 자주 올라 다녔습니다. 그런데 한번은 방투 산의 정상에서 갑자기 불어 닥친 비바람과 짙은 안개에 갇히고 맙니다.

유일한 피난처는 이 산의 남쪽 봉우리에 있는 산장이었습니다. 그러나 비바람과 짙은 안개로 한 치 앞을 내다보기 어려운 여건 속에서 그 산장을 찾아가기란 기적에 가까운 일이지요. 이때 파브르는 일행에게 손을 내밀어서 가시처럼 찌르는 풀을 찾을 것을 말합니다. 그것은 쐐기풀을 알아내는 것으로 파브르가 이 산을 오르내리는 동안, 산장에 이르는 길에는 이 풀이 있었음을 '내일에는 못 볼 것처럼' 평소에 보아 두었던 것입니다.

마침내 일행이 찾아낸 그 풀들은 캄캄한 어둠 속에서 그들을 무사히 산장으로 안내하는 등대 구실을 합니다.

그러나 우리는 어떻습니까? 헛보고 헛산 일이 지금도 계속되고 있지는 않은지요?

젊은 날의 분명한 각인이 인생의 진로를 결정합니다. 물이 둑에 차야 그 힘을 발휘할 수 있듯이 우리들의 노력 또한 어느 정도 쌓였을 때 빛을 발합니다. 그런데 한 가지, 노력은 반드시 고통 속에서 여문다는 사실입니다.

화가 고흐는 극심한 가난과 실연의 고통 속에서 이런 말을 하였습니다.

"나는 엄격한 생활을 해야 합니다. 여유가 있어서는 안 됩니다. 우리는 괴로움을 통해서만이 완전함에 이를 수 있습니다."

그 예증이 고흐의 일생 중 가장 괴로웠던 때인 1883년부터 1885년까지 약 2년 동안에 그는 무려 유화 2백 점, 데생 250점을 남겨 놓아 둔 것입니다.

며칠 전에 나는 검진 관계로 평소 안면이 있는 의사를 만나러 가는 친구를 동행한 적이 있습니다. 진찰을 마친 의사가 친구에게 담배를 끊을 것을 요구하였습니다. 그러자 친구는 내일모레가 1월 1일이니 그날부터 실행에 옮기겠다고 하였습니다. 그 말을 들은 의사가 고개를 저으면서 충고하였습니다.

"지금 당장 행하지 않고 날짜를 따로 잡는 것은 믿을 수가 없습니다. 일기를 1월 1일부터 쓰겠다고 한 사람을 못 믿는 것과 이치가 같습니다. 29일 오늘 일기를 쓰기로 마음먹었으면 오늘 당장 써야 합니다. 오늘 하지 않고 1일부터 하겠다는 것은 안 하겠다는 말과 같습니다. 내일이란 언제고 불확실한 날이니까요."

오늘을 사랑하며 지금 당장 눈떠서 행하는 좋은 때이기를 바랍니다.

첫아이를 가진 후배에게

축하한다. 분만실 바깥에서 초조하게 서성거리고 있었을 모습이 눈앞에 선하다. 내 경우를 돌이켜 보면 못 피우는 담배라도 물었으리라 생각한다.

세상에 기대와 두려움이 이때처럼 더한 적이 어디 있을까. 시계가 자꾸 더디 보이고 귀는 분만실의 창구를 향해 미동하는 소리 하나도 놓치지 않으려 했을 테지.

이때에 들려오는 아기의 울음소리. 아아, 새 생명의, 그것도 나와 직선 거리에 있는 첫아기의 울음소리는 얼마나 가슴을 울렁거리게 했던가. 감격 잘하는 자네는 눈물이라도 쿡 솟아올랐으리라.

조금 기다려서 분만실의 문을 열고 나오는 의사나 간호사를 만났을 텐데 이 순간 대개의 남자들은 이렇게 묻는다고 들었다.

"정상 분만입니까?"
"정상아입니까?"

"사냅니까? 여잡니까?"

이 세 가지 질문 모두 만족한 대답을 들은 남자보다 더 큰 축복이 내린 사람은 드물 것이라 생각한다. 그런데 자네의 경우가 바로 여기에 해당하니 고시 세 개에 합격한 것보다도 더 큰 자부심을 가져도 좋다고 생각한다.

나는 첫 놈이 난산이었다. 간신히 제왕 절개 수술을 해서 지구의 공기를 마시게 해놓았는데 그렇게 감사할 수가 없었다.

산모의 회복은 좀 늦었지만 녀석은 눈, 코, 입, 귀 그리고 손가락도 다섯 개, 다섯 개. 발가락도 다섯 개, 다섯 개 틀림이 없었거든. 무엇이고 제대로 갖춰져 있다는 사실이 또한 기이하게 느껴졌던 것은 내가 그때 너무 과민했기 때문일까.

다음 날, 선배 한 분이 카네이션을 사들고 찾아와 주었다. 이 이야기 저 이야기 하다가 "너희 두 사람의 아이라고 여기지 마. 하느님의 아이를 대신 맡아서 키우는 것이라고 생각해. 너희 둘의 뜻보다는 하느님의 뜻이 무엇일까를 생각하면서 키우도록 하란 말이야" 하고 당부했는데 그 말을 나는 지금도 찬물을 마시면서 음미해 보곤 한다.

이제 곧 자네도 엄마 됨의 위대성을 아내로부터 실감하게 될 것이다. 나는 당시의 좁은 셋방에 아기를 들여놓으면서 은근히 마음 쓰이는 점이 하나 있었다. 그것은 집사람의 잠버릇 때문이었는데 평소 내 얼굴에고 어깨에고 가리지 않고 걸쳐지던 그녀의 다리가 잘못해서

곁의 아기한테 그런 불상사를 범한다면 하는 염려가 그것이었다.
 그래서 나는 밤중에 몇 번이나 깜짝깜짝 놀라서 일어나곤 했었다. 그러나 신기하게도 아기의 머리카락 하나도 건드리지 않고 잠을 잘 자는 여인.
 이 무의식에까지도 깊이 보석처럼 박혀 있는 모성애야말로 순수 그 자체라고 나는 생각한다.
 아이를 먼저 길러 본 선배로서 몇 가지 말해 두고 싶은 것이 있다. 먼저 아이의 보호 문제이다. 사랑은 때로 눈먼 장님으로 만든다는 격언이 있다.
 자기 자식이 하는 일이던 무엇이든지 옳고, 그의 일거수일투족에 따라 표정이 변한다. 특히 근래의 우리를 포함한 우리 이웃의 젊은 부모들은 민주 교육 육아를 한다고 해서 아이들에게 너무도 관대한 것 같다.
 매 한 번 들지 않는 자식 보호가 후일 과잉이 되고 관대가 방종이 될 때 그 결과는 자립심이 부족한 아이, 아무렇게나 해도 되는 문제아로 자라나지 않을까 염려되는 것이다.
 우리는 유년 시절에 우리가 겪어 본 할아버지의 엄격성을 회복할 필요가 있다. 유대인 어머니들은 자식들에게 아버지의 소지품에는 절대 접근할 수 없게 하는 방법으로 아버지의 권위를 보호하고 있다고 하지 않는가.

언젠가 초등학교 교사 한 분과 얘기를 하는 중에 이런 말 하는 것을 들었다.
"요즘 아이들은 청소를 하지 않으려는 경향이 눈에 띄게 늘어나고 있어요. 이것은 학교 화장실이 수세식으로 개량되는 것하고 비례되는 것도 같은데 이렇게 나가다가는 도심지 학교에선 앞으로 청소부 고용해야겠다는 푸념도 나오게 생겼어요."
이분의 설명으론 아이들이 비, 특히 걸레를 좀처럼 들려고 하지 않는다는 것이다. 이건 요즘 부모들이 가정에서 그만큼 자식을 잘 모시기(?) 때문일 것이라고 그분은 쓰게 웃었다.
순간 내 가슴에도 따끔하게 찔리는 부분이 있었지. 우리 집 아이한테 저희들이 자는 방의 청소 한 번 시킨 적이 없었거든. 심부름만 해도 내가 아이들의 심부름을 다닌 적이 더 많았던 것 같고. 우리 함께 생각해 봐야 할 문제가 아닌가?
다음으로는 장난감에 대해서 말하고 싶다. 자네야 지금은 딸랑이 한두 개로 만족하게 되겠지.
그러나 시일이 흐를수록 아이는 점점 더 흥미로운 장난감을 요구하게 되고, 요구하지 않더라도 장난감 가게 앞을 지나칠 때는 자연 발이 멈추어지는 것이 부모의 마음이다. 그렇게 하여 모인 장난감이, 많은 집에서는 바구니 두세 개는 채우게 된다.
어느 날 나는 무얼 찾다가 우연히 아이의 장난감 통을 뒤지게 되었다. 그런데 그 통 속에는 살상의 무기를 본떠 만든 장난감이 반이 넘었다. 로봇, 칼, 권총, 기관총, 탱크…….

어려서부터 가지고 노는 것들이 남을 살상하는 무기 장난감이라니 이 얼마나 무서운 일인가. 그런데 그중에는 내가 알게 모르게 아무런 생각 없이 사준 것도 상당수였다. 나는 그날 레싱의 우화를 생각하면서 꽤 오랫동안 잠을 이루지 못했었다. 우화의 내용은 이렇다.

다른 동물로부터 괴로움을 당하는 양이 신을 찾아가 자기한테도 무엇인가를 달라고 간청하지. 신은 그럼 무시무시한 이빨을 줄까, 뿔을 줄까, 그렇게 물어보는데 양은 모두 싫다고 하면서 맨 나중에는 이렇게 말한다.

"오, 아버지. 그렇다면 이대로 저를 내버려 두십시오. 누구를 해칠 능력을 가지면 해치고 싶은 욕망이 일어날까 두렵습니다. 옳지 않은 일을 하기보다는 옳지 않은 일을 당하는 편이 차라리 낫지요."

그렇다. 아이가 남을 해치는 무기 장난감과 가까이 지내도록 버려둘 것이 아니라 순한 우리의 자연과 친해지도록 도와주자.

주말이면 들녘으로 함께 나가 파랗게 돋아나는 풀잎을 보여 주자. 얼음 풀려 흐르는 냇가에서 작은 고기들의, 움직임으로의 빛남을 보여 주자.

그리고 다리가 아프다고 할 때까지 걷게 한 다음 잔디 위에 풀썩 주저앉아서 맛보는 휴식이 얼마나 청량한 것인지를 느끼게 하자. 이 때 멀리서 들려오는 소 방울 소리라도 있다면 그 여유를 함께 간직하는 것도 좋으리라.

헤르만 헤세가 말했었다. "어린 시절의 기억은 인생의 보물 창고"라고. 그 보물 창고를 아름다운 것으로 채워 주는 것이 부모 된 우리의 도리가 아닐까.

지혜 상자냐, 바보상자냐

지난 1987년 4월 3일 자 동아일보에는 흥미 있는 기사가 하나 실려 있다.

그것은 서울의 둔촌초등학교 서성옥 교장이 《방송 연구》라는 월간지에 발표한 논문 〈어린이를 위한 텔레비전 시청 지도〉를 간추린 것이다.

이 자료는 3학년부터 5학년까지의 초등학교 어린이 1백 명을 대상으로 조사한 것인데 어린이들의 하루 평균 텔레비전 시청 시간이 세 시간을 상회한다고 나와 있다.

그리고 텔레비전 프로그램 선택권에 있어 어린이 대상 프로그램만 보는 어린이는 불과 8퍼센트에 지나지 않고 49퍼센트가 보고 싶은 프로그램을 마음대로 골라 본다고 응답했다.

그뿐만 아니라 어린이들이 가장 즐겨 보는 프로그램은 저질 시비가 그치지 않고 있는 코미디가 93퍼센트로 단연 앞서거, 텔레비전을

1미터 이내의 거리에서 앉아 본다는 어린이도 26퍼센트로 집계되어 있다.

현대의 가정에 있어서 텔레비전의 등장은 크나큰 변혁을 몰고 왔다. 나라 안팎에서 지금 이 시간에 일어나고 있는 일을 식탁에 앉아 밥을 먹으면서 볼 수가 있다.

그리고 꿀벌이 어떻게 태어나며, 어떻게 일하고 어떻게 죽는가를 어느 생물 선생보다도 친절하고 생생하게 보여 준다. 또 가수며 코미디언이며 탤런트의 연기를 이젠 고속버스에 앉아서도 텔레비전 화면을 통해 볼 수가 있다.

그러나 장미에도 가시가 있는 법. 처음엔 꽃만을 보고 환호하던 사람들이 극히 일부이긴 하지만 이제는 가시에 대한 염려를 하고 있다.

한창 쑥쑥 자라나는 때인 어린이들이 날마다 세 시간 정도씩 텔레비전 앞에 붙잡혀 있음으로 해서 자기 혼자만의 늪에 빠져 있는 것이다.

20년 전만 해도 춥건 덥건 친구들과 함께 어울려서 뛰어다니며 놀이의 공동 의식을 키우고 운동량과 비례한 활발함이 넘치던 어린이들이었지 않은가.

그러나 지금은 텔레비전의 즐거움에 빠져 점점 텔레비전 앞으로 다가앉으며 자기가 먼저 친구들을 찾아가는 일이 드물어지게 되었다.

어린이다운 상상력을 그저 텔레비전에게 맡긴 채, 웃고 신기해하고, 가슴 두근거리다가 밥 먹고 숙제한 다음에는 잠자리에 들고 만다.

그러다 보니 친구가 없고, 재미없는 일에는 가만있지를 못하니 산만스럽다는 말을 듣게 된다. 이미 도회지 아이들에게는 스무 명에 세 명이 비만이라는 현상이 나타나고 있으며 "죽어 버리겠다"는 말을 표정 하나 변하지 않고 중얼거리는가 하면, 어느 날 갑자기 "흑판의 글이 보이지 않는다" 해서 안경을 끼게 되는 과정이 뒤따른다.

영국 옥스퍼드 대학 출신의 석학 밀터 밀워드 신부는 이렇게 말한다.

"부모가 가정에서 어린이들이 하는 대로 내버려 두고, 자기 좋을 대로 텔레비전을 보도록 놔두면 교육상 좋지 않다는 것은 정해진 이치로, 그 결론을 내는 데는 과학적인 실험이 필요치 않다."

어린이들의 텔레비전 시청에 대한 논문을 발표한 서성옥 씨는 좀 더 구체적으로 지적하고 있다.

그것은 어린이들이 코미디언들이 하는 '좋습니다' '인간아, 인간아', '아, 아―아르바이트' 등 우스개 흉내나 바보 짓을 즐겨할 뿐만 아니라 얼마 전까지만 해도 장래 희망이 과학자, 정치가, 학자였던 것이 지금은 가수, 탤런트, 운동선수 등 텔레비전에 자주 나오는 스타 성향으로 바뀌고 있다는 것이다.

거기에다 이와 같은 스타는 기회만 잘 잡으면 노력하지 않고도 될 수 있는 것으로 알고 있다니 아연할 뿐이다.

같은 물이라도 젖소가 마시면 우유가 되고 독사가 먹으면 독이 된다는 말이 있다. 텔레비전을 '바보상자'로 할 것이냐, '지혜 상자'로 할 것이냐는 부모들의 책임이다.

부모가 먼저 텔레비전의 프로그램 선택에 있어서 본이 되어야 할 것이며 무엇을 함께 보며, 무엇을 함께 보지 않아야 할 것인지를 가려야 할 것이다.

자기가 보고 있으면서 "아이들은 볼 게 아니다"고 내쫓는 경계는 오히려 어린이들의 흥미만 촉발시킨다.

텔레비전을 '바보상자'에서 '지혜 상자'로 전환하는 데는 어머니의 자제와 슬기가 그 부속품이 된다고 나는 믿는다.

콩나물과 콩나무

　인형극을 공연하는 어느 소극장에서 보았었다. 아빠인 듯한 분이 아이를 무동 태운 채로 관람하고 있었다.
　신이 나는 장면이 나오면 아이는 아빠의 어깨 위에서 풀쩍풀쩍 엉덩방아를 찧었다. 그럴 때마다 아빠는 연방 땀을 훔쳐 내면서 괴롭고도 행복한 표정을 짓는 것이었다.
　또 한 번은 영등의 어떤 레스토랑에서였는데 초등학교 5, 6학년쯤 되어 보이는 아이들 넷이 자리를 잡고 있었다. 무엇을 주문했는지는 모르지만 포크와 나이프가 각자 앞에 가지런히 놓여 있었다.
　그런데 아이들이 장난을 하다가 포크가 하나 바닥으로 떨어졌다. 그러자 한 아이가 문 쪽어 서 있는 나이 지긋한 웨이터를 손짓으로 불렀다.
　웨이터가 다가오자 아이는 바닥에 떨어진 포크를 가리키면서 점잖게(?) 말하고 있었다.

"저것 좀 주워 가고 새것으로 가져와요."

물론 당사자들도 할 말이 없는 건 아닐 것이다.

"내 아이, 내가 소중해서 발바닥에 먼지 묻히지 않으려는데 웬 참견이냐."

"내 아이가 돈 내고 내 아이 마음대로 심부름 시키는데 웬 시비냐."

하지만 내게도 할 말이 있다.

그들은 당신네의 아이일뿐더러 우리 모두의 아이이기도 하다. 그들로 하여 이 지구라는 별이 더 아름다워질 수도 있고 더 우울해질 수도 있다. 우리는 이미 훨씬 지나왔으나 그들은 이제 막 시작하고 있는 삶이 아닌가. 그들의 연약함과 잘못됨은 당신네를 포함해서 우리 인류 전체의 비극일 수도 있는 것이다.

나는 지난해 봄에 서울시 교육 위원회에서 빚은 해프닝 하나를 기억하고 있다.

그것은 서울시 교육 위원회가 핵가족 시대에 버릇없이 자라나는 아이들을 바로 키우기 위한 캠페인의 하나로 자녀를 둔 학부모들에게 '가정교육 지침'을 마련해 돌린 일이었다.

처음 이 지침이 발표되었을 때 사회면의 머리기사로 뽑던 신문들이 불과 사흘 만에 태도가 일변하였다. 일본의 작가이며 중의원 의원인 이시하라 신타로라는 사람의 저서 중에서 발췌한 것이라는 사실이 탄로났던 것이다.

나도 이 '가정교육 지침'이 나왔을 때 신문 기사를 복사해서 우리 집에도 두고, 가까운 사람들한테까지 나누어 주었다가 뒷말을 들었다.

그러나 나는 전부는 아니지만 몇몇 조목은 우리 현실에 일리가 있는 것으로 받아들이고 싶었다.

곧, 아이들에게 좋은 음식만을 먹이지 마라. 유원지보다 전원이나 고적지로 데려가라. 멀어도 걷게 하라. 관심을 보이는 것을 철저히 가르쳐라. 비가 와도 마중 나가지 마라. 학교 성적으로 형제를 비교하지 마라. 자유방임은 질서를 가르친 다음에. 가족 사이에도 시간을 지켜라. 말씨는 엄격하게 다스려라. 높은 곳에 올려 보내라. 경솔하게 말하지 않게 하라. 남의 단점보다 장점을 말하게 하라. 텔레비전 프로그램을 바로 선택하게 하라. 아침에 깨워 주지 마라. 아이들의 방 정리를 돕지 마라. 차 안에서는 세워 두어라 등이다.

내 눈에만 그렇게 비치는 것일까. 우리 집 아이를 포함해서 요즘 아이들은 너무 보호받고 있다는 느낌이다.

집안에서 먹는 것만 해도 예전에는 아버지가 우선이었으나 이젠 아이 다음으로 아버지의 차례가 전락했다. 그리고 먼 길을 걷기는커녕, 버스나 전철에서 제법 큰 아이들을 데리고 탄 어머니들이 어린이 보호도 모르냐는 눈치로 앞자리에 앉은 승객들을 죄인 보듯이 쏘아보다가 아예 아이를 업고 시위(?)하기도 한다.

그뿐만이 아니다. 공공장소에서 아이들이 난장판을 벌여도 말리는 어른이 하나도 없는가 하면 텔레비전 채널권이 아이들한테로 넘어가 버린 가정이 얼마나 많은가.

갑자기 비라도 올라치면 학교 앞에 모여 선 우산 행렬을 보라. 이러다 보니 이젠 대학교 오리엔테이션 장에까지 따라와서 아이들 대신 메모를 하는 어머니도 있다는 교수들의 푸념이다.

물론 자식 소중함을 내 자신 모르는 것은 아니다. 이들은 틀림없는 우리의 미래 나무이며 새 물이 흐린 물을 가라앉히듯 새 아기들의 탄생으로 이 지구가 구원받으리라는 희망은 내게도 있다.

튼튼한 어린이, 지혜로운 어린이는 우리 인류의 제일 소원이다.

내 말은 묘목의 온실살이는 뿌리가 강해질 때까지만이라는 것이다. 한 그루의 완전한 과실나무가 되기 위해서는 온실에서 벗어나 사계절을 지낼 수 있는 힘이 필요하다.

한 신부님으로부터 '콩나물'과 '콩나무'의 비유를 들었다.

콩나물은 한 알의 콩이 머리와 꼬리로만 되어 있는, 미개발된 생물의 대표 격이라는 것이다. 올챙이와 같은 모양의.

콩나물을 그렇게 미개발되게 기르는 방법은 간단하다. 우선 적당한 온도를 유지케 하고 햇빛을 차단한 다음에 물을 줄줄이 흘러넘치도록 주면 희멀겋게 쑥쑥 자라는 것이 그들인 것이다.

그러니까 일체의 자극을 피하면서 목마를 겨를도 없이 물을 퍼주어야 실뿌리가 생기지도 않고 줄기가 뿌리 역할을 하는 기현상이 콩나물의 모습이다.

이것이 콩의 본모습인가? 아니다. 콩은 원래 가뭄을 잘 이기는 농작물이다. 마른 흙 속에 묻어 놓아도 어떻게 해서든 수분을 취해 싹을 틔우는 식물이 콩이다.

어떤 식물이나 야생도 다 그러하지만 특히 콩은 햇빛과 수분이 지나치거나 모자라서 그것이 도전과 자극으로 나타나면 생명체 본래의 잠재력을 발휘해 적절히 적응한다. 그리하여 잎은 푸르러지고 잔뿌리는 또 힘차게 뻗쳐 열 배, 백 배의 수확을 맺는 것이다.

우리는 이 시점에 우리들의 아이에 대해 다시 짚어 보아야 할 때라고 생각한다. 우리 아이를 콩나물로 키울 것인가, 아니면 한 그루 콩나무로 자라게 할 것인가를.

5
마음의 문을 열고

인형 키우는 영문학자

　육신의 나이는 팔순에 이르렀으나 마음은 아직도 소년처럼 여리기만 한 노(老) 영문학자 피천득 선생님은 유명 대학의 교수를 지내셨으나 아파트 거실에는 헌 탁상 하나만 덩그렇게 놓여 있을 뿐, 그 흔한 소파 하나도 없는 분이다. 방에는 반백 년은 실히 되었음 직한 작은 나무 책상, 그리고 볼품없는 책꽂이에는 1백 권도 되지 않음 직한 손때 묻은 책들. 작년부터 작은 성모 마리아 상이 하나 들어와 있는 것이 그동안의 유일한 변화다.
　헨리 데이비드 소로가 "단일 적이 마을을 점령하더라도 빈손으로 아무 걱정 없이 문밖으로 걸어 나갈 사람은 누구일까?" 하고 현대인들의 소유욕에 대해 개탄하였지만 나는 이분이라면 능히 그러하리라 보고 있다.
　피천득 선생님은 난영이라고 이름 지은 인형 하나를 30년 가까이 돌보고 계시기도 하다. 난영이를 데리고 놀았던 따님은 이제 시집을 가고 없다. 하지만 인형은 아직도 어리기 때문에 딸 대신 일주일에 한 번씩 꼭꼭 목욕을 시키고 여름에는 얇은 옷, 겨울에는 털옷으로 갈아입히며 간혹 음악을 들려주시기도 한다.

지난 설에 세배를 갔을 때 나는 "난영이 잘 있는가요?" 하고 안부를 물었다.

그러자 사모님이 안방으로 들어가셔서 두 팔로 안고 나온 인형은 손톱의 매니큐어까지도 앙증스러웠다.

정년퇴직 행사와 명예 교수라는 '명예'가 싫어 정년을 맞기 6개월 앞서 사직하고 나오신 분. 해마다 첫눈이 오면 지기(知己) 한 분과 누가 먼저 전화하는가 하는 것으로 식사 한 끼 내기나 해오시는 분. 옆집 유치원에 다니는 아이하고 구슬치기할 것과 길거리에서 마주 보게 되는 알지 못하는 사람에게도 미소 지을 것을 올해의 포부로 밝히시는 분.

영국 런던에 첫발을 디뎠을 때 공항 구내 보관소에 가방을 맡겨 두고 서둘러 찾아간 곳은 피터 팬 동상이 있는 공원이었다고 한다.

"자연도 아름답지만 사람 또한 이에 못지않아요. 악기 중에서도 사람 성대만큼 빼어난 악기도 없어요. 젊은 여인 또한 얼마나 아름다운가요" 하면서 '젊은 여인'에 이르러선 아직도 얼굴을 붉히시며 수줍어하시는 분.

몇 해 전 이 화창한 초여름에 친지의 아들 결혼이 있었다.

주례로 나오신 선생님은 이렇게 말씀을 맺으셨다.

"……고대 앵글로색슨족의 서사시인 〈베오울프〉라는 작품에서 신부를 가리켜 평화의 길쌈꾼이라 했습니다. 현대의 여인들은 부나 명예의 길쌈을 더 좋아하는 줄로 압니다만 오늘 이 자리에 선 신부는 부디 가정에서고 사회에서고 불만의 길쌈꾼이 아닌 평화를 길쌈하는 여인이 되어 주시기를 간절히 바랍니다."

돌 베고 잠드는 생

법정 스님을 처음 만난 것은 지면으로부터였다. 묵은 월간지를 뒤적이다가 우연히 스님의 글을 보았는데, 이런 대목이었다.

해 질 녘쯤 되어 시아버지 되는 모기가 외출을 하면서 며느리에게 이렇게 당부한다.
"얘야, 내 저녁밥은 하지 마라."
며느리는 웬일인가 싶어 "왜요, 아버님?" 하고 묻는다.
시아버지는 먼 산을 바라보면서 힘없이 대답한다.
"마음씨 좋은 사람 만나면 잘 얻어먹을 거고 모진 놈 만나면 맞아 죽을 테니 내 저녁일랑 짓지 마라."
귓전에서 앵 하고 신경 건드리는 모기 소리가 들릴 때, 그걸 후려치려고 손을 번쩍 들었다가 문득 모진 놈 만나면 맞아 죽을 거라는 그 집 시아버지의 말이 떠올라 손을 내리곤 한다.

마음씨 좋은 사람은 못 되더라도 어찌 모진 놈이야 될 수 있겠는가.

후일 내가 스님을 뵈었을 때 그때 받은 감동을 말씀드렸더니 이런 당부를 하셨다. 그거야 우화로 치더라도 사람들이 최소한 자신의 생일에는 남의 목숨을 빼앗은 결과인 고기를 먹지 않았으면 한다고.

현실의 막된 사냥과 먹을 탐에 눈앞이 어두워지다가도 스님을 생각하면 금세 잎새에 스치는 한 줄기 바람이 느껴지는 것이다.

스님의 부엌에 들어가 보면 부엌훈이 있다.

"먹이는 간단명료하게, 반찬은 세 가지가 넘지 않게."

쌀쌀맞다는 세간의 구시렁거림을 더러 듣는 분이시지만 간혹 가사 자락 속에서 나오는 알사탕 맛은 그윽하기만 하다.

스님이 묵고 계시는 암자의 정랑(淨廊, 화장실)은 대밭 바로 앞에 있다. 거기는 나무살이 성글어서 사철 내내 푸른 대숲을 조용히 바라볼 수도 있고 바람도 수시로 드나들 수 있어 그야말로 청정하다.

그러나 이 풍치브다도 나를 더 숙연케 한 것은 변기 양편 바닥에 그려져 있는 신발 위치도였다.

거기에 신발을 맞추면 바른 자세가 된다. 곧 정랑의 참선 자세라 할까.

소쩍새 울음소리에 고개를 들면 저만큼 벽 한켠에 꽂혀 있는 청미래 가지에 고요가 앙껏 배어 있는 것을 볼 수도 있다.

무엇보다도 나는 노동으로 그은 스님의 손을 사랑한다.

손톱 위로 낫의 빗금이 나 있는 것을 보면 낫질 솜씨도 보통이 아님을 알 수 있다.

그 풀 베고, 장작 패고, 빨래하는 스님의 손에서 흘러내린 글이 얼마 전에 왔다.

소나무 아래서

돌을 베고 잠이 들다.

새소리에 놀라 깨니

해가 기울다.

꽃뫼의 들녘 길에서

　수원행 전철의 막차 안에서 하반신만으로 정호승을 알아본 적이 있다. 그 전철은 츠여름의 밤바람을 들이고자 창문을 열어 두고 있었는데 나는 신문을 보고 있던 눈을 들어 무심히 앞 우리에로 시선을 옮기다 말고 보았다. 하얀 남방셔츠에 검정 바지를 입은 크지 않은 몸매, 그리고 개울가의 돌멩이처럼 다부진 그의 주먹하며.

　전철의 유리 창군이 반쯤 내려져 있었으므로 거기에 투영되지 못한 상반신은 공간으로 대체되어 있었다. 그는 책을 보느라고 두 사람 건너에 있는 나를 감지하지 못하였던 것 같았다. 그러나 나는 내가 그의 곁에 있음을 알리지 않았다. 함께 있는 것만으로 행복하다는 사랑하는 사람끼리의 감도처럼 정호승을 그냥 보고 있는 것으로 충분히 넉넉할 수 있었다.

　그런데 차가 달릴수록 나는 묘한 환상에 빠졌다. 창밖의 풍경, 그러니까 그의 상반신으로 흘러가고 있는 영등포와 구로 공단, 둑방 마을의 먼 불빛, 어둠 속의 구부정한 허리, 그리고 부나비들이 날고 있는 수은등 등이 정호승 시의 삽화처럼 비쳤던 것이다.
　아니, 그것은 시인 정호승의 지난 여정을 나타내고 있는 것인지도 모른다고 생각했다.
　그의 살 속을 비집고 들여다보면 능금 마을의 황토 같은 입자들이, 그리고 외가인 고도 경주의 돌 속에 새겨 넣은 미소 같은 입자들이 이루고 있는 맑은 피를 볼 수 있을 것이다. 초기의 〈첨성대〉를 비롯한 일련의 작품들이 자생하게 되었던 것은 바로 이런 배경에 기인한다고 나는 믿는다.
　그러나 그가 유년의 꿈에서 깨어났을 때 이 땅의 한 소가정이 흔히 지닐 수 있는 단면, 곧 고향을 떠날 수밖에 없었던 가난의 고통이 청소년기의 정호승에게 둑방 마을의 먼 불빛 삽화를 형성한 것이 아니었을까.
　저 도회지의 변두리에서, 어두운 산야에서, 막차에서 만나게 되는 별들처럼.
　그러나 정호승의 별은 먼 하늘에서 가련히 빛나고 있는 부초 같은 별, 꿈으로 시작하여 꿈으로 그치고 마는 막차 같은 희미한 불빛이 아니다.
　그의 〈새벽 편지〉에서 보는 것과 같은 피가 묻어 있는 별이다. 나는 그 피가 묻어 있는 정호승의 소량의 별(시)을 안다고 할 수 있다.

적어도 수원에서 함께 산 동안의 것들은.

저 어둡고도 어두운 1980년대의 초반을 정호승과 나는 수원의 변방에서 살았었다

그가 산 동네 이름은 받밭이었고, 내가 산 동네 이름은 꽃뫼였다. 사전에 한마디의 상의도 없던 그가 이사를 왔노라고 불쑥 연락을 주었을 때 나는 한편 반가웠고 한편 궁금했다.

서울에서 그의 등을 떠밀어 보낸 것은 무엇이었을까. 그 막연한 바람을 알아보기 위해 나는 그의 집까지의 5리 길을 철로 변을 따라 걸었었다.

논에는 벼꽃이 피고 있었고 밭에는 콩 꽃이 그리고 깨꽃이 한창이었다. 깨꽃의 뒤꽁무니를 빨면서 그의 집에 이르러 보니 노모가 집을 지키고 있었다.

"얘가 대학 도서관에 갔십더. 도시락까지 가지고 갔으니 내가 불러 오지예."

나는 순간 정호승이 서울의 어떤 바람에 떠밀려 온 것은 결코 아니라는 것을 직감했다. 그는 꽤나 오랜 기간을 침묵하고 있었는데, 이제 허심(虛心)이 된 그가 충전을 하러 온 것이라고 생각했다.

그날, 정호승과 나는 그의 아들 영민이의 손을 나눠 잡고 솔밭 길을 걸었다. 산새들을 날리며 풀 위에 앉아서 우리는 문학보다도 우리들의 일상에 대해 더 많이 이야기하였다.

그러다가 정호승은 노을을 등에 지고 돌아오는 노무자들을 보면서 깊은 침묵 속으로 빠져 들어갔는데, 이 시집에 나오는 〈주먹밥〉, 〈섭섭새에게〉, 〈가을 편지〉 등이 그때의 분위기를 돌아보게 하는 시들이 아닌가 싶다.

후일 나는 "푸른 새들의 발자국 소리가 멈춘 명동 성당으로 올라가는 길"에서 "너의 쇠사슬이 채인 발목"과 "너의 화살이 날아와 박힌 두 눈"의 정호승을 나뒹굴고 있는 그 거리의 '꽃다발'과 함께 본 적이 있다.

하늘 쪽을 향하여 고개를 돌리고 있는 그의 뺨에도 눈물이 흐르고 있었는데, 나는 그때 정호승의 눈에서 시가 흘러나오고 있다고 생각했다.

외모만으로 보기에 정호승은 연약한 공자처럼 보이지만 이렇게 그의 내부에는 수천 갈기의 파도 결이 숨어 있는 것이다.

언젠가 김요섭 시인께서 이런 말을 들려주신 적이 있다.

"박남수 씨가 신춘문예 최종심에서 번번이 망설였다는 거예요. 정호승 씨의 시는 마구 밀고 올라가는데 그것이 북쪽으로 밀고 올라가는 것인지, 남쪽으로 밀어붙이는 것인지 얼른 가늠이 되지 않아서 번번이 제쳐 두곤 했다는 거예요."

한마디로 정호승은 외유내강한 시인이다. 그러나 내가 보기에는 그가 완벽주의로 지향하는 것이 도리어 흠이 되기도 하는 것 같다.

지나치게 틈을 보이지 않으려는 그의 태도가 때로는 생활을 메마르게 하고 창작욕을 더러 식게 하는 일이 있을지도 모르겠기 때문이다.

나는 당당함을 사랑하는 사람 중의 한 사람이다. 문인 가운데 시인 정호승과 소설가 이균영을 좋아하는 이유도 이들의 당당함 때문이다. 정호승은 성당에서 결혼식을 마치고 신혼여행을 떠날 때 승용차 하나 준비 못할 처지는 아니었는데도 굳이 일반 버스를 타고 역으로 향했었다. 후일 결혼한 이균영도 교수 신랑인 처지에도 결혼식장을 향해 올 때 가족들을 이끌고 일반 버스로 나왔었다.

생활의 한 실려가 이렇거늘 하물며 문학에 있어서의 그 당참은 짐작하고도 남을 것이 아닌가. 작품으로 구걸하고 살기보다는 차라리 필을 꺾고 말 것이며, 정신의 매춘으로 부를 누리기보다는 눈 부릅뜨고 얼어 죽기를 바랄 것이다.

내가 지적하지 않더라도 〈겨울 강에서〉를 비롯한 일련의 작품들을 읽어 본 독자들은 벌써 유추하고도 남을 것이다.

"흔들리지 않는 갈대"가 되기 위하여 "눈보라에 으스스 내 몸이 쓰러져도" 참고 기다리며 사는 사람들, 그들의 눈물이 키우는 정호승의 한 송이 꽃(시), 그 꽃의 향기를 아는 사람은 행복하다. "싸락눈 한 송이 가슴을 때려도 아파하는" "내 그대 그리운 눈부처"를 알 것이므로.

그리고 더욱 가까이 대어 들었다가 정호승이 눈물로 빚은 칼(시)에 베인 사람은 더욱 행복하다. 그의 칼은 베어서 상하게 하려는 폭력이 아니라 베어서 치유하려는 사랑의 메스이므로.

정호승의 안경 너머로 실루엣처럼 떠오르는 또 하나의 삽화, 그러니까 폭우에 맞선 비닐우산과 같은 고통을 때때로 나한테 들켜 준 것에 대해 나는 그에게 고마워한다.

그의 그런 인내와 태도가 자못 침체되기 쉬운 나의 체질에 버팀목이 되어 주기 때문이다.

언젠가 회사에서 그로부터 전화가 있어서 받아 보았더니 "형의 뒷모습을 보면서 전화를 걸고 있어요. 한 시간 가까이 지켜보고 있으려니까 형은 뒷머리를 참 자주 만지네요"라면서 웃었다. 내가 돌아보니 그는 내 책상이 건너다보이는 옆 건물의 커피숍에서 장난스럽게 손을 흔들고 있었다. 어느 토요일 오후에는 쌍무지개가 떴다고 그걸 보라고도 전화를 건 그였다.

그의 둘째 아이인 후민이를 안고 첫눈을 맞으러 나갔다가 "오늘도 기도하는 새의 손등 위에 내린 너"라는 시구를 얻었다며 불러 주기도 하고.

그 무렵 일요일 아침의 내 즐거움은 정호승이 성당을 가기 위해 꽃뫼의 들녘 길을 걸어오는 것을 보는 일이었다.

추운 길을 걸을 때면 문득 불에 구운 돌처럼 따뜻함을 주는 호승을 생각한다. 그러면 새 새벽이 다가오는 것을 느낀다.

침묵의 동반자

어느 문학지의 표지로 이균영의 초상이 나온 일이 있었다. 이름 있는 화가가 그린 그 초상은 숯불이 막 일어는 때 얽히는 수많은 검정과 주황의 빗금으로 그려져 있다.

내가 보기에 그것은 초상이라기보다 어둠과 빛 사이에 존재하는 암호와도 같았다. 이것이 이균영인가 하고 나는 의아해했었다. 그러나 자세히 보니 그 수많은 선이 여명처럼 그의 얼굴을 걸러 내며 그의 모습을 이미지화하고 있었다.

오래전부터 나는 이균영을 알고 있었다. 그가 가진 검정과 주황의 암호들 중 몇 가지를 나는 알고 있다. 이것 때문에 나는 이 글을 쓰게 된 것이 아닌가 싶다.

그가 중학 1학년이었던 해의 여름이었다. 우리가 다니던 광양중·농고는 퇴비 증산을 위해 여름 방학의 과제도 자기 몸무게만큼씩 풀을 가져오도록 하고 있었다. 그때 나는 교정 한편의 풀더미 곁에서 하급생들이 져온 풀짐을 저울 위에 달기도 하고, 더러 무게를 더 나가게 하려고 풀 속에 돌을 숨겨 넣거나 물풀을 섞어서 오는 악동들을 감별하는 일을 맡고 있었다.

해 질 무렵이었다. 푸른 풀짐 위에 붉은 놀을 짊어진 공자 같은 아이가 내 앞에 섰다. 중학 1년짜리의 어깨 위에 올려진 바지게와 지게가 앙증스러웠다. 나는 정확하게 무게를 단 다음 풀을 쏟도록 했는데 그 풀 속에는 돌도, 물풀도 없었다. 억새가 대부분이었다. 나는 충동적으로 그 아이의 작고 하얀 손을 잡았다. 그것이 이균영이었다.

그 순간에 본 그의 반팔과 반바지 바깥 살갗에 실낱처럼 그어져 있던 억새의 빗금 그림자가 내가 본 이균영의 첫 암호였나 보다. 그런데 20년이 지난 오늘 그의 초상에서 나는 다시 수많은 빗금을 본 것이다. 그러나 사실 지금은 나도 그를 잘 안다고 할 수 없다.

나는 이균영의 집에 자주 갔다. 남녘 광양 읍내의 대대로 내려온 토호 집안. 몰락의 마지막을 붙들고 있는 수백 평 넓은 그 집은 우리에게 알 수 없는 넉넉함과 향수를 주었다. 커다란 장독과 석류나무와 감나무 밑에서 우리는 많은 이야기를 하였다.

그는 잠을 자다가도 그가 사는 집과는 영 분위기가 다른 나의 좁은 방으로 찾아오곤 했다. 나는 그때부터 이균영의 문학이 시작되는 배경을 알게 되었다고 할 수 있다.

그는 연약하였지만 늘 자신을 지도자(?)로서 생각했다. 예의가 바르고 공손하기도 하였지만 그에게는 힘이 있었다. 그의 작품 중에는 힘에 대한 동경이 곧잘 나타나고 있는데 이는 그의 어린 시절로 연역해 갈 수 있는 배경이 된다.

그것이 원초적 인간의 순수한 힘에 대한 동경인지, 혹은 강렬한 시대 의식을 전제로 한 권력을 말하는 것인지를 막론하고.

우리의 고향 생활은 그럭저럭 지나갔고 고등학교 시절부터 이균영의 서울 생활은 시작되었다. 그의 특이한 회색빛 우울과 금속성의 날카로움, 그리고 콘크리트 벽 같은 강인함은 서울의 바람에 의해 이때부터 합성되었다고 나는 생각한다.

우리 집 앨범에 이균영과 내가 비원의 연돗가에서 찍은 사진이 있다. 그것은 그가 고등학교를 포기하는 기념으로, 그의 교복 입은 마지막 모습이라는 뜻에서 함께 찍은 것이다. 나는 그때 군대도 갔다 온 나이였으므로 그를 달래 보았지만 막무가내였다. 학교를 그만두겠다는 것이었다. 그렇다고 달리 대안이 있는 것도 아니었다. 항해사가 되어 바다에 나가겠다는 것이 그의 주장이었던 것으로 기억된다. 그것이 그의 인식과 회의의 시작이었다.

당시엔 그만두게 하기에는 아까운, 소위 일류 고등학교였으므로 주위의 강압에 의해 그는 졸업을 하기는 했다. 그 후의 방황, 희망과 좌절로 이균영은 긴 투병 생활을 하였다. 그 무렵의, 그러니까 1972년 4월에 써 보낸 그의 편지가 내게 있다.

"할머니가 돌아가셨습니다. 할머니, 이렇게 부르기만 해도 눈물이 흐릅니다. 할머니의 모든 것이 내 생명의 투사로 내 그림자를 이렇게 따라다니는 걸 나는 어쩔 수가 없습니다. 저는 지금 이렇게 충실되어 있습니다(내가 보기에는 비어 있는 상태였다). 나는 스스로 도덕가라고 믿고 싶습니다. 즉, 진실입니다. 진실 속에서 나는 나의 목숨을 보고 싶습니다. 음주, 방황, 눈물, 반항 이런 것들은 하나의 상식입니다. 저는 이런 속에서도 근본적으로 더욱 진실되어진다는 것에 대하여 스스로 경이의 눈을 크게 뜹니다. 가령 저의 행동(대학 진학을 거부한)이 형님께 크게 화를 내게 하였다 할지라도 나의 태도가 나의 본연의 진실로서 곧 개성의 필연에서 생겼다고 하면 형님은 나를 이해하고 또한 존경해 주기를 원합니다. 저는 절실히 죽음을 생각하였습니다. 거기서 빠져나오자 나는 외로웠습니다. 나는 혼의 안식처를 원했습니다. 절실한 감정은 스스로를 진실하게 하여 주었습니다. 저는 진실되이 살고 싶습니다. 그래서 술을 마시기 시작했습니다. 술처럼 아름답게 썩어지는 어리석음이 내 깊은 비애의 가슴속에 있으니까요. 강릉, 포항, 경주, 감포, 밀양, 부산, 삼천포, 충무, 진주를 거쳐 여수에 와 있습니다. 형님, 어두운 밤에, 낯선 역에 내려 싸늘한 빛의 수은등을 볼 때, 제가 무엇을 음모하는지 아십니까?"

이균영이 철이 든 것(?)은 군대 생활을 거치면서였다. 면회를 간

나에게 그는 온통 찢겨 갈라진 손을 잡힌 채 펑펑 눈물을 쏟았다. 나는 그때 그가 말없이 힘든 일들을 잘 참아 내고 있음을 알 수 있었다. 그때서야 그는 군대를 나오면 대학에 진학하겠다고 말했다. 나는 이후부터는 그가 어떠한 일에서든지 이전보다 강해질 것이라고 믿었다.

그는 자신의 말대로 대학에 갔으며 군대를 제대한 두 해 후 〈바람과 도시〉를 써서 동아일보 신춘문예에 당선되었다. 그는 역사학을 택했다. 자신은 어떻게 생각하는지 모르지만(소설 쓸 시간이 없는 것을 지금도 그는 안타까워하고 있다) 역사학은 그의 문학을 위하여 좋은 역할을 해주었다. 여러 작품들에 나타나는 특징들이 그가 역사학을 공부함으로써 생겨났고 또 걸러진 것이란 생각이 든다.

그때쯤 이균영의 고향 집은 더 이상 버틸 것이 없는 막바지에 처해 있었다. 그러나 그는 가난의 고통을 침묵으로 맞서 나갔다. 그러면서도 그는 자신의 앞날에 대해 알 수 없는 변화를 꿈꾸고 있었다. 내가 그의 침묵 속에서 다시 어릴 때 보았던 힘을 느끼기 시작한 것도 그때였다고 생각된다. 그러나 그는 한창 정치적인 상황이 심각한 갈등을 보여 주었던 그때 고향, 가족, 학업 따위가 젊은 지식인으로서 행동하고 결정할 수 있는 자유를 빼앗아 버린다고 말하였다. 그는 어두운 기억의 저편에서 침묵했다.

다시 말하면 그는 오랫동안 자신의 어둠 속에 잠겨 있었다. 그리고 어둠 속에 잠겨 있는 동안 이균영은 말을 괴로워했다. 말하면 그가 노출된다고 믿었으며 말로 인하여 자연스러운 모든 것을 빼앗긴다고 믿었다. 결국 침묵으로써 그는 생활해 나갔지만 밖으로는 늘 당당하였다. 눈물, 격정, 외로움투성이였지만 아무도 그를 눈치챌 수 없었다. 그것이 이균영 초상화의 검정 빗금이 주는 암호이다.

그는 밝은 곳으로 잘 나오려고 하지 않았다. 그가 공부를 계속하기로 마음먹었을 때 말로 인하여 그의 은사에게 그다지 떳떳지 못한 일을 저질렀다고 나에게 고백하였다. 내가 생각하기로는 꼭 그렇지도 않은 것 같은데 그때 그의 고통은 아주 격렬해 보였다. "단 한 번, 영원히 씻을 수 없다"고 그는 말하였다. 말에 대한 그와 같은 고통은 그의 어느 작품에서나 발견할 수 있는 특징이다.

특이하게 아름답고 실험적인 효과를 얻고 있는 그의 단편 소설 〈풍화 작용(風化作用)〉에 다음과 같은 대목이 있다.

"내가 성냥을 그어 댔을 때 불빛을 배경으로 서너 개의 솔잎이 공중제비를 하듯 내리꽂혔다. 그 마른 솔잎 떨어져 내리는 소리가 멀리 파도 소리에 쉼표를 찍고 있었다."

이것은 한 치 떨어진 곳에서 빛과 그늘과 바람의 켜를 미열도 놓치지 않는 체온계의 눈금 같은 필치로 그려 내고 있는 예이다.

그는 나에게 늘 시인이 되지 못한 것을 안타까워했다. 논리가 그를 시인이 되지 못하게 하였다고 말하곤 하였다. 그러나 나는 그의 소설

이 시작 구조를 포용할 수 있는 가능성을 지적하고 싶다. 그가 시작할 장편 소설 안에서도 오히려 그런 것들이 사라지지 않기를 바라고 싶다.

이균영은 수원에 있는 우리 집에 훌쩍 와서는 자고 간다. "왜, 무슨 일이 있냐?" 하고 물으면 "아니" 하고, "너 또 병났구나?" 하던 "아니" 하고. 그러다 잠자리에 누우면 그는 말한다. "성욕처럼 외로운 건 없어, 형!"

문득문득 그런 말들이 그 암호 같은 빗금 너머의 이균영을 아름답게 한다. 오늘낼쯤 올 것인가. 창을 열고 서울로 가는 불 켜진 전철을 본다. 이 글 보고 낯 붉히며 찢어 버리지는 않을지.

얼마 전 신문에 보도된, 영국의 어느 늪지대에서 발견되었다는 5천 년 전의 두개골. 칼 맞은 자국이 남아 있었다고 한다. 그만큼 오랜 후에도 이균영의 각인을 발견할 수 있는 두개골의 칼자국 같은 글을 기대하며, 나는 믿는다.

한 인디언 추장의 메시지

 똑같은 신문을 들었는데도 어떤 사람은 그 기사를 읽었는 데 반해 어떤 사람은 그 기사에 대해 전혀 캄캄하다.
 하물며 엄청나게 늘고 있는 현대의 정보에 있어 우리가 듣도 보도 못하고 놓쳐 버리는 것이 부지기수일 것이다.
 나는 가끔 오랜만에 만나는 사람들에게 "요즘은 어떤 책을 읽고 계십니까?"라든지 "그동안 감동 깊게 보았던 것이 있으십니까?" 하고 물어본다. 그리하여 때로는 내가 근접하지 못했던 좋은 책을 천거받기도 하고 감동되는 이야기를 듣기도 한다.
 한때는 내게도 내가 좋아하는 책을 누가 보면 어쩌나 하고 전전긍긍한 적이 있다. 누가 내 감동을 훔쳐 가지나 않을까 하고 인색을 부렸던 적도 있다. 그러나 나이가 들어 가고 있기 때문일까. '나누는 기쁨'에 대해 조금씩 느끼는 것이 있다.
 이 메시지는 최근에 내가 본 것 중에서 가장 감동을 깊게 한 편지이다.

1855년 미국의 대통령 프랭클린 피어스가 지금의 워싱턴 주에 해당하는 곳의 인디언 스와네족의 추장인 시애틀에게 그들의 땅을 정부에 팔아 달라고 요청했다. 이에 대해 시어틀 추장이 대통령에게 쓴 이 편지는 미국 독립 2백 주년 기념의 한 부분으로 미국 정부에 의해 비로소 공개된 것이다.

"워싱턴에 있는 위대한 지도자인 당신이 우리 땅을 사고 싶다는 요청을 해왔습니다. 또한 우정과 친선의 말들을 우리에게 보내왔습니다. 이런 제스처는 매우 친절하나 그 답례로서 우리의 우정을 별로 필요로 하지 않는다는 것을 우리는 압니다. 그러나 우리는 당신의 제안을 고려할 것입니다. 그 까닭은 만일 우리가 그렇게 하지 않는다면 백인들이 총으로써 우리의 땅을 빼앗아 갈 것을 알기 때문입니다.

당신은 어떻게 하늘을, 땅의 체온을 사고팔 수가 있습니까? 그러한 생각은 우리 인디언들에게는 매우 생소합니다. 더욱이 우리는 공기의 신선함과 물의 거품조차 소유하지 않습니다. 이 땅의 모든 구석구석은 나의 백성들에게는 신성합니다. 저 빛나는 솔잎들이며 모래 해변이며 어둠침침한 숲 속의 안개며 노래하는 벌레들, 이 모두가 내 백성들의 기억과 경험 안에서 성스럽습니다.

백인들이 우리의 사는 방법에 대해 이해하지 못한다는 것을 우리는 알고 있습니다. 당신들은 밤중에 와서 땅으로부터 당신들이 필요로 하는 모든 것을 가져가는 타인입니다. 땅은 백인들에게 있어서 형제가 아니며 적입니다. 그 땅을 정복한 다음에도 그들은 전진을 계속합니다. 게걸스러운 그들의 식욕으로 그 땅을 먹고 나면 뒤에는 오직 사막만이 남습니다. 당신들 도시의 광경은 우리 인디언들의 눈을 아프게 합니다. 그러나 그 이유는 우리 인디언들이 야만인이어서 당신네를 이해하지 못하는 탓이겠지요.

내가 만일 당신의 제안을 받아들이기로 할 경우엔 하나의 조건을 내놓겠습니다. 짐승들이 없는 곳에서 인간은 무엇입니까? 만일 모든 짐승들이 사라진다면 인간들은 커다란 정신적인 외로움 때문에 죽게 될 것입니다. 왜냐하면 짐승들에게 일어난 일들이 인간에게도 일어나기 때문입니다.

백인들이 어느 때엔가는 발견하게 될 한 가지 일을 우리는 알고 있습니다. 우리의 신은 바로 같은 신입니다. 당신들이 우리의 땅을 갖기 원하는 것처럼 당신들은 그를 소유하고 있다고 생각할는지 모릅니다. 그러나 당신들은 그렇게 할 수 없습니다. 그는 인간들의 신입니다. 그리고 그의 연민은 백인과 인디언들에게 동등합니다. 이 땅은 신에게도 소중합니다. 그러므로 땅을 해롭게 하는 것은 창조주를 수없이 모독하는 것이 됩니다. 그리하여 백인들 또한 소멸될 것입니다. 아마 다른 종족들보다 더 먼저 소멸될지는 모릅니다. 당신의 잠자리를 계속해서 오염시키면 당신은 언젠가 당신 자신의 찌꺼기 안에서 숨 막히게 될 것입니다.

  들소들이 모두 살육되고 야생마들이 길들여지고 숲 속의 신성한 구석구석들이 인간들의 냄새로 무거워지고 성숙한 언덕이 주는 광경이 떠들어 대는 부인들로 인해 손상이 될 때 덤불이 어디 있으며 독수리가 어디 있겠습니까? 그것은 생활의 종말이며 죽어 가는 것의 시작입니다.

  백인의 도시에는 조용한 곳이 없습니다. 봄에 흔들리는 나뭇잎 소리며, 벌레들의 날개들이 바스락거리는 소리를 들을 수 있는 곳이 없습니다. 아마 내가 야만인이고 이해를 못하는 탓인지 소음은 내 귀를 아프게 합니다. 만일 인간이 쏙독새의 아름다운 울음소리와 연못가 개구리들의 논쟁을 들을 수가 없다면 인생에 남는 것이 무엇이겠습니까? 북미의 인디언들은 대낮의 비로 씻기고 소나무 향내를 실은 바람의 부드러운 소리를 더 좋아합니다. 공기는 인디언들에게 더욱 귀한 여김을 받습니다. 동물들과 나무들과 인간들, 이 모든 것들이 같은 숨을 나누어 갖기 때문입니다. 그러나 백인들은 그가 마시는 공기를 알아차리지 못하는 듯합니다. 그들은 죽어 가는 사람처럼 냄새에 무감각합니다.

  우리가 만일 백인들이 꿈꾸는 것이 무엇이며 긴 겨울밤 그들의 자녀들에게 어떠한 희망을 얘기해 주며 내일을 향하여 그들의 마음속에 어떤 비전을 태우고 있는가를 알게 된다면 우리는 보다 깊이 이해할 수 있을는지 모릅니다만 우리는 야만인들입니다. 백인들의 꿈은 우리들에게는 감추어져 있습니다. 그것들이 감추어져 있으므로 우리는 우리의 길을 가게 될 것입니다. 만일 우리가 서로 동의한다면 당신이 약속한 우리의 인디언 마을 지정 보유지를 확보하게 될 것입니다. 그곳에서 우리는 우리가 바라는 대로 우리의 짧은 날들을 살아가게 될 것입니다.

 마지막 인디언들이 이 땅으로부터 소멸되어 오직 광야를 가로질러 흘러가는 구름의 그림자만이 남을 때, 그때에도 이 해변들과 숲들은 내 백성들의 정신을 간직하고 있을 것입니다. 그 까닭은 그들이 새로 태어난 아기가 엄마 가슴의 고동 소리를 사랑하듯 이 땅을 사랑하기 때문입니다. 우리가 당신에게 우리의 땅을 판 후에 당신은 우리가 이 땅을 사랑하듯 사랑하고, 우리가 간수하듯 간수하고 그것에 대한 기억을 당신들 마음속에 간직하시오. 당신이 이 땅을 가져간 후 당신의 모든 힘과 능력과 마음으로써 당신네들의 자녀들을 보호하고 신이 우리를 사랑하듯 사랑하시오. 당신의 신이 우리의 신과 같은 신이라는 그 한 가지를 우리는 알고 있습니다. 이 땅은 그에게 소중합니다.

 백인들일지라도 공동의 운명으로부터 제외될 수는 없습니다."

여림을 향하여

산 아래 집으로 이사를 왔습니다. 3년 반 동안 아파트에 길들여진 몸이라서 며칠은 좀 어수선한 느낌이었습니다.

아침저녁으로 연탄불 눈치를 살펴야 하고, 재래식 화장실 관계로 작은 용무에도 신발을 찾아 신고 나서야 하는 불편하며, 빗방울이 몇 듣기만 하여도 비설거지에 마음이 쓰이는 등.

그러나 아파트와는 달리 함께 맞이하는 여러 움직임이 있습니다. 그중에서도 아침마다 잠이 깨일 때면(잠이 이 때문에 씻어질 때도 있습니다) 어김없이 날아와서 귀에 꽂히는 음향은 저 공해에 그을린 제 내면을 헹구어 주곤 합니다.

담장 밖의 산비탈에서 저희 집을 향해 팔을 뻗은 소나무, 그 소나무 가지에서 우짖는 참새들 소리가 그리합니다.

실로 오랜만에 듣는 참새들의 노랫소리는 저한테 삶의 어떤 예지를 감지케 하지요. 생명의 등식, 그중에서도 작음 더하기, 약함 더하기, 위함 더하기를 하고서도 자유가 나오는 답. 참새, 난다는 것은 생명이기도 하지 않습니까.

살아 있는 것이면서도 가령 누에처럼 두꺼운 껍질과 편안을 주는 보호 수단으로 차라리 죽음 편에 더 가깝지 않은지요? 그것은 자유를 거부한 명에로 하여 생명까지도 의심받는, 지극히 주검 속의 삶이라고밖에 할 수 없는 경우일 것입니다.

작품이 되지 않아서 불면의 밤을 보내는 적이 더러 있습니다. 그날 밤에도 그랬습니다. 한숨을 쉬다가, 뒤채다가 눈을 붙였는데 거미줄에 달려 있는 작은 이슬방울이 환영으로 나타나는 것이었습니다. 처마가 높고 날렵했던 것으로 보아 유년 시절에 지냈던 고향 집이 틀림없었습니다.

잠자리에서 일어나 커튼을 걷고 보니 새벽 하현달 빛이 떨어져서 누런 목련 잎과 함께 구르고 있었습니다.

이때 실루엣처럼 창에 어리며 아득히서 들려오는 것이 있었습니다.

"소나기가 지나갔는지 처마 끝에서 뚜욱 하고 떨어지는 낙숫물 소리…… 뒤꼍 대밭을 지나는 소소한 잔바람 소리…… 소가 고개를 돌리는지 땡그러렁 하는 쇠방울 소리…… 홰를 치며 우는 수탉의 울음소리……"

저는 문득 이 여리고 맑은 것들을 지향하여야겠다고 마음먹었습니다. 독일의 작가 루이제 린저는 이런 말을 하였지요. "나는 내 어린 날의 꿈의 완성을 위하여 글을 쓴다"고요.

일본에서 일시 귀국한 삼촌과 함께 난생처음 경주를 가볼 기회가 있었습니다.

그때 경주에서 나한테 가장 큰 충격을 주었던 것은 석굴암의 부처였습니다. 지금도 그때의 감명이 뭐라고 표현되지가 않습니다. 아무튼 포근한 느낌이, 다른 누구에의 부처님이 아니라 정이 가득 밴 '우리 부처님'이었습니다.

그때만 해도 방탄유리에 씌워 있지 않던 때여서 저는 안내하는 스님 몰래 부처님의 무릎 밑에서 위로 올려다보며 '호~' 하고 입김을 불어도 보았습니다. 어쩌면 부처님의 무릎 언저리에 내 입김이 허옇게 서릴 것 같기도 했던 게지요.

지금도 저는 석굴암의 부처님 살 속에서 피가 흐르리라 믿습니다. 다만 피가 우리와 다른 순교자 성 이차돈의 우유 빛깔의 피이지 않을까 생각합니다.

그날 저는 돌아오는 차 안에서 많은 것을 생각하였습니다. '석굴암의 부처님은 사람이 돌을 쪼아서 만든 것이 아니다. 이미 지어져 돌 안에 감춰져 있는 것을 석공이 잘 들어내 모신 것이다.' 이 생각은 지금도 변함이 없습니다.

제가 쓴 동화 가운데 〈어린 새〉가 있습니다. 이 작품은 들녘에 선 허수아비의 주변에서 시작되고 끝이 나는 이야기입니다.

다른 허수아비와 달리 이 허수아비는 언젠가 노인한테서 들은 적이 있는 봉황새를 기다립니다. 곧 봉황새가 나타나면 가짜인 지금의 자기(허수아비)가 진짜가 된다는 간절한 희망 때문입니다. 날마다 봉황을 기다리며 애통해하자 허수아비의 발밑에서는 단물이 납니다. 이 물은 봉황이 먹는 예천입니다. 드디어 봉황새의 새끼가 날아와 허수아비의 발밑에서 나는 물을 마시며 자랍니다.

그런데 허수아비가 진짜가 될 허영에 들뜨고 교만해지자 그만 예천이 막혀 버리고 맙니다. 채 자라지 못한 봉황도 죽고 허수아비의 꿈도 영영 사라지고 만다는 것으로 이 이야기는 끝이 납니다만 제가 이 글에서 말하려고 했던 것은 무엇이 우리를 완성케 할 것이냐는 '생의 이룸'입니다.

모름지기 살아간다는 것은 '소유'가 아니라 '이룸'입니다. 진정한 이룸은 가득 채워져서 더 들어갈 수가 없는 상태가 아니라 비워 가며 닦는 맑음이라고 저는 생각합니다.

저는 국어사전식 낱말 풀이에만 의존하고 있는 현대인들에게 '아름다움'에 대한 교정을 해주고 싶었습니다. 그래서 〈제비꽃〉이라는 작품을 통하여 이런 대화를 하게 하였지요.

"아름다움이란 무엇인가요? 꽃잎이 크고 빛깔이 진하고 향기가 많이 나면 아름다운 건가요?"

"그런 것은 진짜 아름다움이라고 할 수 없어."

"그럼 진짜 아름다움은 어떤 건가요?"

"아름다움이란 꽃이 어떤 모양으로 피었는가가 아니야. 진짜 아름다움은 보는 사람에게 좋은 뜻을 보여 주고 그 뜻이 상대의 마음속에서 더 좋은 뜻이 되어 다시 돌아올 때 생기는 빛남이야."

사실 저한테는 이와 같이 아름다운 친구가 하나 있었습니다. 지금은 어디에서 무슨 일을 하면서 살고 있는지 알지 못하지만 그의 초롱초롱한 눈빛은 항시 제 가슴 안쪽을 뚫어 보고 있습니다.

김영국, 그는 초등학교 시절 우리 학교의 문예반장이었습니다. 6학년 학기 초라고 생각합니다. 하루는 담임선생님이 우리들에게 희망 발표를 시켰습니다. 다들 국회의원이며 사장이 되겠다고들 하는데 영국이만이 유일하게 '시인'이 되겠다고 하였습니다.

그러나 안타깝게도 그는 중학교에 진학하지 못했습니다. 가정이 너무도 빈한했던 게지요.

어느 날, 저는 우연히 읍사무소 모퉁이에서 영국이를 만났습니다. 그는 대서소에 사환으로 일한다고 하면서 커다란 어른용 자전거를 타고 있었습니다. 영국이는 저한테 이런 다짐을 하였습니다.

"너는 내 몫까지를 합해서 되어야 해. 아주 뛰어난 시인이나 작가가 말이야."

 지금도 제가 게으름을 피우고 있을 때면 저의 아름다운 벗 영국이의 '내 몫까지'라는 채찍이 다가오곤 합니다.

마음의 문을 열고

김수환 추기경님의 귀향길에 동행한 적이 있다. 헌티재를 넘을 때라고 기억하는데 추기경님께서 나한테 이런 말을 하였다.

"인간에게는 '나'가 셋 있지요. 곧 내가 아는 '나' 그리고 남이 아는 '나'가 있으며 나도 남도 모르는 '나' 또한 있는 거예요."

내가 아는 '나'와 남이 아는 '나'에 대해서는 쉽게 인정하였다. 그러나 나도 남도 모르는 '나'에 대해서는 한참을 생각하게 되었다. 나는 추기경님께 되물어 보지는 않았지만 나도 남도 모르는 나는 바로 '마음'일 것이라고 결론을 내었다. 대중가요에도 "내 마음 나도 몰라"라는 구절이 있듯이 정말 알다가도 모를 이 마음에 의해 인간들은 행복 농사를 짓기도 하고 불행 농사를 짓기도 하지 않는가.

풀잎을 흔드는 실바람 한 줄기, 호수에 이는 여린 파문 한 낱에 조찰의 기쁨을 느끼는 마음이 있는가 하면 인격을 타락시키고 자신을 파탄케 하는 독사의 독을 내뿜는 마음도 있다. 일찍이 조사(祖師)들은 인간의 마음은 태어난 그대로로서 형태도 없고 색깔도 없고 이름도 없고, 있는 것이라곤 아무것도 없는 것이 전부라고 하였다.

그런데 소유주들이 형태를 만드는가 하면 색깔을 입히고 각종 핑계와 구실을 부여했다. 어떤 사람은 풀뿌리 하나도 꽂을 데가 없는 모래밭 같은 것인가 하면 어떤 사람은 봄비 내린 대지와 같은 것이기도 하다. 또 어떤 사람은 회색 벽돌 색깔인가 하면 또 어떤 사람은 푸른 바다와 같은 색깔이기도 하다. 더러는 음모의 터로 이용하는가 하면 더러는 평화의 터가 되기도 한다.

본디 마음 편에서 본다면 파업하고 싶고 떠나고 싶은 일이 하루에도 몇십 번씩 있을 것이다. 마음을 속이고서도 뻔뻔스럽게 '양심을 걸고'라고 증언하는가 하면 아픈 마음은 아랑곳하지 않고 눈 한 번 꿈쩍하지 않는 주인들도 있으니까. 그리하여 마침내 낭패를 보게 되면 뒤늦게야 가슴을 치며 술, 담배, 약물 등을 치료약으로 써서 몸까지 망치는 인간들이지 않은가.

늘 몸보다 먼저 일어나며 일보다 먼저 느끼고 심지어 꿈속에서까지 활동한다. 몸은 차라리 피곤하게 하면 쉬게 해주고 심해지면 약까지 주나 마음은 그저 혹사당하기만 할 뿐이다. 도스토예프스키의 말대로라면 지금도 인간의 마음은 선과 악마가 싸우는 전장인 것이다.

나는 평소 마음 타령을 많이 하는 사람 중의 하나라고 생각한다. 마음을 사나운 황소에, 교활한 여우에 비유하기도 했고 그 어떤 고문과 폭력으로도 정복할 수 없는 것, 마음먹기에 따라 지옥과 하늘나라가 바뀔 수 있다는 주제의 글을 쓰기도 했었다. 그러나 내게 막상 마음을 비워야 할 때가 왔을 때 실제화가 되지 않는 허구성을 깨닫고 아연하였다.

내 몸에 반란군의 진입 상태가 심각하다는 주치의의 진단을 받고 병원에 입원했을 때 나는 마음 정리가 마무리되었다고 생각했었다. 그동안의 인연과 애증은 강 건너의 네온사인 도회에 훌훌 벗어 놓고 왔노라고.

그런데도 저녁이면 불면에 시달렸고 어쩌다 잠이 들어도 네온사인 도회의 온갖 잡동사니들이 나타나서 설쳐 댔다. 다시 돌아보니 거기에는 아직 물러나지 않은 세상의 인연들과 애증이 다른 곳 아닌 내 마음의 창문에 비춰지고 있었다.

그 무렵 나의 기도는 내 마음속에 그림자들을 사라지게 해달라는 것이었다. 어렸을 적, 불빛을 받아 창호지에 두 손으로 지어 보이던 그림자, 그 환영에조차 깜짝깜짝 놀라는, 나는 참 연약한 인간임을 실감할 수 있었던 것이다. 물이 급하게 흘러가도 고요하고 꽃잎이 떨어져도 조용한 마음의 주인도 있다던데 나는 참 작은 냄비 같은 인간이라는 것을 실감한 계기이기도 했다.

법화경에 이런 대목이 있다.

"쇠의 녹은 쇠에서 생긴 것이지만 차차 쇠를 먹어 버린다. 마찬가지로 그 사람 마음에서 생긴 잘못이 그 사람 자신을 먹어 버린다."

우리는 마음 한 번 잘못 씀으로써 패가망신하는 사람들을 어제의 뉴스에서도 보고 오늘의 뉴스에서도 보고 내일의 뉴스에서도 볼 것이다. 또한 드물게나마 마음 한 번 바르게 써서 꽃잎은 떨어져도 지지 않는 영원한 꽃 또한 본다. 그러니까 인간의 마음에는 독사와 독수리도 살지만 해독초와 펠리컨도 살고 있고 투우도 살지만 투우사도 살고 있는 것이다. 문제는 기생한 녹이 쇠를 먹어 버리듯이 본래의 청정한 마음이 사욕에 오염되어 버린 데 있다.

현대의 과학과 기술만 해도 그렇다. 인간을 위해 발명한 기계와 연마한 기술이 이제는 신의 자리까지도 넘보는 우상이 됐다. 하늘나라를 약속하는 것이 아니라 현세를 없는 것이 없는, 넘치는 세상으로 바꾸겠다는 구세주 등장인 셈이다. 과학과 기술에도 내면에는 의의와 윤리가 있어 왔다. 그러나 현대의 살인적 경쟁에 매달려 가다 보니 처음의 인간을 위한 의의와 윤리는 사라지고 오직 목적만이 남아서 생태계까지도 파괴시키는 발전으로 오히려 인류가 불안한 현실에 직면해 있는 것이다.

"하늘이 내린 복을 다 받지 마라"는 말이 있다. 새 세기를 맞는 과학인과 기술인은 누가 먼저 내놓느냐는 경쟁에서 한 걸음씩 물러나 처음의 마음, 곧 인간을 위한, 인류의 미래를 위한 의의와 윤리를 다시 챙겨야 할 것이다. 삼라만상은 우리의 두뇌 조직이 얽혀 있듯이 아주 복잡하게 '마음'들에 의해 연결되어 있다고 한다. 그러기에 오늘 우리 앞에 산이 있고 나무가 있고 새가 노래하는 그런 내 밖의 마음과 내 안의 산과 나무와 새가 함께 어우러지는 겸허한 마음이 하나 될 때 우주만유는 비로소 안녕하다고 할 수 있을 것이다.

문제는 마음이 나에 의해 자아와 가족 그리고 공동체에 한정되어 버린 데 있다. 곧 자신이 생각하는 것만이 최선이고 자신의 가족만이 우선이며 자신이 소속된 공동체만이 절대적이라고 믿기 때문에 마음이 서로 단절되어 인류가 동맥경화 현상을 맞고 있는 것이다.

새 아침에 우선 당신 한 사람을 구원하기 위한 이 마음의 소리를 들어 보라.

    돈을 나뭇잎처럼 보시오
    감투를 물거품처럼 보시오
    세상이 좋다는 것을 그렇게 보는 사람은
    어떤 불행도 그를 보지 못할 것이오.

그대 뒷모습

1판 1쇄 발행 2001년 4월 25일
2판 1쇄 발행 2006년 1월 20일
2판 6쇄 발행 2020년 3월 10일

지은이 정채봉
펴낸이 김성구

단행본부 류현수 고혁 홍희정 현미나
디자인 이영민
제 작 신태섭
마케팅 최윤호 나길훈 김민지
관 리 노신영

펴낸곳 ㈜샘터사
등 록 2001년 10월 15일 제1-2923호
주 소 서울시 종로구 창경궁로35길 26 2층 (03076)
전 화 02-763-8965(단행본부) 02-763-8966(마케팅부)
팩 스 02-3672-1873 이메일 book@isamtoh.com 홈페이지 www.isamtoh.com

ⓒ 정채봉, 2006, Printed in Korea.

이 책은 저작권법에 따라 보호를 받는 저작물이므로 무단 전재와 복제를 금지하며,
이 책의 내용의 전부 또는 일부를 이용하려면 반드시 저작권자와 ㈜샘터사의 서면 동의를 받아야 합니다.

ISBN 978-89-464-1533-1 03810

이 도서의 국립중앙도서관 출판시도서목록(CIP)은 서지정보유통지원시스템 홈페이지(http://seoji.nl.go.kr)와
국가자료공동목록시스템(http://www.nl.go.kr/kolisnet)에서 이용하실 수 있습니다.
(CIP제어번호:CIP2005002528)

값은 뒤표지에 있습니다.
잘못 만들어진 책은 구입처에서 교환해 드립니다.